AMV

Josephine Haworth

Die Kunst mit Pferden umzugehen

Mit 8 Abbildungen auf Kunstdrucktafeln
und 6 Strichzeichnungen

Albert Müller Verlag
Rüschlikon-Zürich · Stuttgart · Wien

Aus dem Englischen übersetzt von Sigrid Eicher. Titel des englischen Originals: The Horsemasters, erschienen bei Methuen, London.

ISBN 3-275-00860-9.-1/5-85. – Printed in Switzerland.

Vorwort

Josephine Haworth erinnert uns in diesem Buch daran, daß der berühmte amerikanische «Roßbändiger» John Rarey, Mitte des vorigen Jahrhunderts in England eine gefeierte und mit Ehrungen überhäufte Persönlichkeit, 1866 im Alter von 38 Jahren an den Folgen eines Herzanfalls verstarb, kurz bevor er sein geplantes Buch *Über alle Aspekte des Umgangs mit Pferden, ihre Erziehung und Bändigung* verwirklichen konnte.

Miss Haworth hat nun viel dafür getan, die dadurch entstandene und seit über einem Jahrhundert bestehende Lücke zu füllen: Nicht etwa mit ihren eigenen Erfahrungen, sondern mit der ausführlichen Beschreibung der Praktiken und Erfahrungen mehrerer der großen «Roßbändiger» von damals bis heute.

Es ist ein höchst nützliches Buch, denn es setzt, vielleicht zum erstenmal, einige der Prinzipien berühmter Pferdeexperten in einen Zusammenhang. Ihre gemeinsame Grundidee war, daß das Wichtigste an jeder Beziehung zwischen Mensch und Pferd eine Übereinstimmung sein müsse, die mehr auf Festigkeit, Verständnis und gegenseitigem Vertrauen basiere als auf Grausamkeit, Gewalt oder vollständiger Unterordnung.

«Sehr lange haben die Menschen daran herumgerätselt, was wohl im Kopf eines Pferdes vorgehen mag», schreibt Miß Haworth. Haben sie sich aber auch wirklich genügend Mühe mit der Enträtselung gegeben? Haben sich überhaupt genügend Menschen darum bemüht?

Charles Thompson schrieb 1830 in seinem Buch *Regeln für schlechte Reiter (Rules for Bad Horsemen)*, daß in England mehr als in jedem anderen Land eine beinahe universelle Liebe zum Pferd zu finden sei, jedoch nur sehr wenige gute Ausbilder. Ist das heute noch ebenso wahr wie vor 150 Jahren?

Dieses richtige Verständnis für das, was im Kopf eines Pferdes vorgeht, ist leider noch immer ein weithin vernachlässigtes Feld. Josephine Haworths ungewöhnlich interessantes und auf gründlichen Recherchen beruhendes Buch kann meines Erachtens viel dazu beitragen, das Interesse an diesem so wichtigen Aspekt des sachgerechten oder sogar meisterhaften Umgangs mit Pferden (für den die Engländer die schwer übersetzbaren Begriffe «horsemanship» und «horsemastership» geprägt haben) zu wecken, die Menschen überhaupt erst darauf aufmerksam zu machen. Es verdient, ernst genommen zu werden, und ich wünsche ihm einen weiten Leserkreis.

Dorian Williams

Kapitel 1

Flüsterer, Krötenmänner und Geheimbündler

Im Alten Testament ruft Hiob beim Anblick eines Pferdes bestürzt und beunruhigt aus: «Schrecklich ist sein prächtiges Schnauben. Es stampft den Boden und freut sich seiner Kraft.» Und er fragt Gott: «Hast du seinen Nacken mit Donner bekleidet?»

Hiobs Reaktion war weder eine Ausnahme noch die eines Feiglings. So, wie die Natur sie geschaffen hat, haben diese Tiere etwas Ehrfurchtgebietendes, Furchterregendes für jeden, der sie zum erstenmal sieht.

Als Hernando Cortés 1525 auszog, Mexiko zu erobern, gelang ihm dies ohne größere Anstrengung, weil seine Männer alle beritten waren und die mexikanischen Indios noch nie ein Pferd gesehen hatten. Der Anblick eines Söldnertrupps zu Pferde, der im vollen Galopp und lauthals brüllend auf sie zugedonnert kam, genügte, um sie in die Flucht zu schlagen, und wer könnte es ihnen verdenken? Hernando Cortés' Leib-

roß, El Morzillo mit Namen, wurde unglücklicherweise lahm und mußte zurückgelassen werden. Cortés befahl dem Indioführer in Peten Itza, sich an seiner Statt um den geliebten Rappen zu kümmern; er würde versuchen, später zurückzukommen und ihn zu holen. Das arme Tier sollte Peten Itza nie mehr verlassen, wurde aber zu einem Bestandteil der Stammesmythologie. Der Indioführer war in größter Verlegenheit, wie er einen derart illustren Gast unterhalten sollte. Er brachte das Pferd in einem Tempel unter und sandte ihm blumengeschmückte Dienerinnen, die ihm in endloser Reihe alle nur erdenklichen Leckerbissen, darunter Früchte und Hühner, anboten und seinen Gaumen zu kitzeln versuchten. Zur allgemeinen Bestürzung kümmerte das Pferd jedoch dahin und ging schließlich ein. Nach Hunderten von Jahren entdeckte man, daß derselbe Indiostamm eine Steinstatue von El Morzillo als Obergottheit verehrte – El Morzillo, der Gott von Donner und Blitz.
Wie ein nie endender Faden durchweben Scheu und Faszination die Geschichte der Beziehung zwischen Mensch und Pferd. Immer gab es die, die sich damit begnügten, Pferde nur aus der Entfernung zu bewundern, und die, die sich ihre Kraft und Schnelligkeit zunutze zu machen versuchten. Die Schnelligkeit des Pferdes, das «mit Donnern und Tosen über die Erde dahinfliegt» mag wundervoll anzusehen gewesen sein für einen Hiob; für den, der es zu fangen versuchte, sah die Sache anders aus. Damit der Mensch Nutzen aus ihm ziehen konnte, mußte er es zuerst zähmen und gehorsam machen. Und das war das Problem – und ist es bis heute geblieben. Das Problem nämlich, daß den meisten Leuten nichts Besseres einfiel, als Kraft mit brutaler Gewalt zu begegnen. Die Vorbereitung auf ein Leben in Sklaverei bestand darin, daß das Pferd zuerst

eingebrochen und dann durch strenge und gnadenlose Disziplin beständig an seine Aufgabe erinnert wurde. Niemand nahm sich die Zeit, darüber nachzudenken, warum sich ein Pferd unter bestimmten Umständen gegen den Menschen wandte und ihn anfiel. Die Lösung bestand einfach darin, als erster mit dem großen Knüppel zuzuschlagen.

Von Anfang hat der Mensch das Pferd als Herausforderung für seine eigene Kraft und Entschlossenheit empfunden, und viele sehen es heute noch ganz genauso. Das ist natürlich auch eine Art, mit der Angst fertig zu werden: viel Lärm zu machen und auf alles einzuschlagen, was einem Angst macht.

Ebenso wahr ist aber auch, daß Pferde seit jeher die menschliche Vorstellungskraft beschäftigt haben. Sie sind Teil unseres gemeinsamen Erbes, und bewußt oder unbewußt hören wir sie noch immer durch unsere Träume donnern. In Volksmärchen und Legenden werden Pferde von Lasttieren zu herrlichen, mystischen Geschöpfen, die durch die Luft fliegen können oder sich aus der weißen Gischt der Meeresbrandung erheben und verlassene Strände entlanggaloppieren. Volkshelden hatten immer ein treues Roß zur Seite – schneller, stärker und mächtiger als jedes andere Geschöpf und zudem klüger.

Die Frage, was wohl im Kopf eines Pferdes vorgehen mag, beschäftigt die Menschen seit langem. Einer uralten Legende zufolge hat das Pferd zur Zeit der Sintflut zwar die Sprache verloren, nicht aber sein Verständnis für das Gesprochene. Nun, die Tatsache, daß Pferde eine Menge von dem verstehen, was man zu ihnen sagt, steht eigentlich außer Zweifel; ob sie sich darum kümmern, ist allerdings eine andere Sache. Menschen, die ständig mit Pferden zusammen sind, können von Gelegenheiten erzählen, bei denen sich gezeigt hat, daß

Pferde nicht nur voll und ganz verstanden haben, was man zu ihnen gesagt hatte, sondern daß sie auf unerklärliche Weise in der Lage waren zu verstehen, was man ihnen nicht gesagt hatte, und daß sie Gefahren viel früher erkannten als ihre menschlichen Partner. Mangels einer logischen Erklärung sind die meisten Menschen einfach dankbar dafür, ohne sich weiter darum zu kümmern. Aber die Tatsache, daß es solche Dinge gibt, ist unter Pferdeleuten ein offenes Geheimnis.

Im Mittelalter wollten die Menschen eine Antwort auf ihre Fragen haben. Und da über tierisches Verhalten kaum etwas bekannt war, gab es unzählige Fragen: Warum wurde ein allem Anschein nach gesundes Pferd plötzlich krank? Warum zeigten Pferde ohne ersichtlichen Grund manchmal alle Anzeichen des Entsetzens? Konnte das Pferd etwa Dinge sehen, die dem Menschen verborgen blieben? Vielleicht konnte das Pferd Geister oder Gespenster sehen, vielleicht stand es unter einem Zauberbann? Da Pferde als im höchsten Maße zauberische Wesen galten, lag die Annahme nahe, daß sie für zauberische Mächte auch besonders empfänglich sein mußten. Das war denn auch die Antwort auf alles: Hexenwerk. Damit paßte alles schön handlich zusammen. Wenn einer sein Pferd am Abend frisch und munter in den Stall gestellt hatte und es am Morgen struppig, schweißüberströmt und mit allen Zeichen der Erschöpfung vorfand, dann hatte es sich eben eine Hexe für einen wilden Ritt durch die Nacht ausgeborgt. Lieber suchte man nach etwas, das die Hexen aus dem Stall fernhielt, als daß man sich Gedanken darüber machte, ob das Pferd richtig gefüttert wurde.

Stallzauber

von Robert Herrick (16. Jahrhundert)

Hängt auf Haken und auch Scher',
Hexen fürchten sie gar sehr;
sind sie erst voll Schmutz und Schweiß,
Mähnen sind, wie jeder weiß,
knotenfrei und glatt wie Pferde,
und ein End' hat die Beschwerde.

Eisen galt als wirksamstes Gegenmittel gegen das Böse. Da es ein Erzeugnis des Menschen war, dachte man, es müsse für Hexen besonders abstoßend sein.
Wurden Pferde aus heiterem Himmel krank, hatte man eine andere Erklärung. Es gab Menschen mit dem «bösen Blick», einem schrecklichen, kalten Starren, das plötzliche Krankheit oder sogar den Tod brachte. Angeblich war es nur der erste Blick, der solchen Schaden anrichten konnte, weshalb sich schlaue Pferdeleute Mittel ausdachten, um zur Abwendung von Schaden diesen ersten, fatalen Blick auf etwas anderes zu lenken. Es mußte etwas Auffallendes, Glänzendes sein, das den Blick auf sich zog und das Böse ablenkte – etwa im Sinne eines Blitzableiters. Vielleicht wenn man etwas Glänzendes vom Geschirr des Pferdes baumeln ließ, das sich bewegte, wenn das Pferd sich bewegte, und das Sonnenlicht auffing? Aus dem Gedanken, Pferdegeschirre mit leuchtendem Zierrat zu versehen, entwickelten sich später die Messingbeschläge. Und die ersten Messingbeschläge hatten noch die Form der traditionellen Glücks- und Schutzsymbole.
Sicher hat das Phantom von Hexen und Gespenstern öfter dafür herhalten müssen, die Folgen von Mißwirtschaft und Vernachlässigung zu verschleiern. Es war ja eine so bequeme Erklärung! Allerdings nicht für dieje-

nigen, die im Verdacht standen, die Schwarze Kunst auszuüben. Im 17. Jahrhundert bereiste ein Italiener mit einem Pferd namens Mauroco ganz Europa und gab überall Vorstellungen, denn Mauroco war ein kluges Pferd, und sein Meister hatte ihn gut ausgebildet. Als sie aber nach Arles in Südfrankreich kamen, fanden die gottesfürchtigen Bauern dort den Anblick eines Pferdes, das niederkniete oder auf den Hinterbeinen herumtanzte, zu teuflisch klug für ihren Geschmack, und sie verbrannten den armen Mann und sein kleines Pferd auf dem Marktplatz.

In einigen ländlichen Gegenden Englands gab es ein paar ältere, weisere Männer, die ebenfalls im Rufe standen, ihre Arbeit mit Hilfe von Zaubermitteln zu verrichten. Man sagte ihnen die Fähigkeit nach, Pferde mit Hilfe einer speziellen Mixtur zauberkräftiger Mittel über weite Entfernungen zu sich zu rufen oder mit eben dieser Mixtur oder auch nur einem Zauberwort ein Pferdegespann vor dem Pflug anzuhalten und so lange unbeweglich erstarren zu lassen, bis sie selbst den Zauber wieder lösten. Diese Männer wurden von ihren Zeitgenossen gefürchtet und verehrt, und da eine Anklage wegen Zauberei nichts Angenehmes war, hielten sie schön den Mund und behielten ihre Geheimnisse für sich.

In Irland, wo man eine gute Geschichte besonders zu schätzen weiß, haben sich Pferde und die, die mit ihnen umgehen, einen glorreichen Platz in Literatur und Folklore erobert. Der legendäre irische Held Cuchulainn besaß ein Paar gewaltiger Wagenpferde namens Grey Macha und Black Seanglan, und in vielen der alten irischen Volksmärchen wird das Pferd als Retter des Menschen vor Riesen und Dämonen dargestellt. In Irland galt das Pferd als segensreiches Tier, «dessen Hufe in der Saat keinen Schaden anrichteten, sondern im Gegenteil das Wachstum förderten». Die Iren selbst waren immer für ihr besonderes Geschick im Umgang mit Pferden bekannt. Einmal fragte ich einen alten Zigeuner nach dem Grund dafür. «Sie haben mehr Zeit als andere Menschen», war seine Antwort. «Ein guter Ire ist nie in Eile, was er auch tun mag.»

Auf jeden Fall hat Irland einige exzellente Pferdeleute hervorgebracht. Einer davon lebte zu Beginn des 19. Jahrhunderts bei Mallow in der Grafschaft Cork. Manche sagen, er habe James geheißen, andere wieder Dan, der «Flüsterer» Sullivan, aber jeder kannte ihn als den «Flüsterer». Nach allem, was man weiß, war er nichts als ein einfacher, unwissender Bauer, aber die Wunder, die er mit Pferden vollbrachte, wurden von vielen bezeugt und für die staunende Nachwelt festgehalten. Wenn Sullivan zu einem besonders gefährlichen oder bösartigen Tier gerufen wurde, flüsterte er ihm einfach ein paar Worte ins Ohr, und das Pferd verwandelte sich in ein Muster des guten Benehmens. Sullivan sagte, er habe das Geheimnis von einem Soldaten erfahren, der ohne einen Pfennig in einer Kneipe gesessen habe. Gegen Essen und Trinken habe der Soldat ihm die Worte eines indischen Zauberspruchs verraten, die er auf seinen Reisen aufgeschnappt habe.

Nach Augenzeugenberichten nahm Sullivan das jeweilige Pferd mit in einen Schuppen oder einen Stall, schloß die Tür hinter sich und kam nach kurzer Zeit mit einem Pferd wieder zum Vorschein, das sich nicht mehr muckste. Das Geheimnisvolle und Faszinierende daran war, daß keinerlei Geräusch nach draußen drang, solange sich Sullivan mit dem Pferd eingeschlossen hatte. Auch bei aller Anstrengung konnten die Menschen, die draußen warteten, nicht das Geringste hören. Da die Pferde, mit denen Sullivan zu tun hatte, wild und bösartig waren, war das allein schon ein Rätsel. Pferde, die im Ruf stehen, jeden anzugreifen, der ihnen zu nahe kommt, lassen sich normalerweise nicht so ohne weiteres mit einem völlig Fremden in einem engen Raum einsperren. Nach so langer Zeit läßt sich das Geheimnis kaum noch lösen, aber über zwei Tatsachen sind sich alle Augenzeugen einig: Zum einen kannte Sullivan selbst überhaupt keine Furcht, und zum anderen waren die Pferde nach seinen Unterhaltungen mit ihnen in einem Zustand des Entsetzens. Es waren keinerlei Anzeichen für physische Gewalt oder Mißhandlung zu erkennen, aber die Tiere schienen eine Art Trauma durchlebt zu haben. Könnte Sullivan zufällig auf eine primitive Form von Gehirnwäsche gestoßen sein? Unter dem Vorwand, sein Geheimnis vor Späheraugen bewahren zu müssen, könnte er sehr wohl den Schuppen, in dem er arbeitete, völlig verdunkelt haben. Er könnte dem Pferd auch die Augen verbunden haben, sobald sie allein waren. Man hat Sullivan zwar nie mit einer speziellen Ausrüstung gesehen, aber eine Augenbinde wäre leicht zu improvisieren gewesen. Seiner Sicht beraubt, war das Pferd dann bereit für den nächsten Schritt – irgendein Geräusch, einen Laut, der das Tier noch weiter desorientierte. Er brauchte nicht laut zu sein, nur durchdringend und ohne Bedeutung, so daß alles andere ausgelöscht und alles, was normal und vertraut war, durch einen alptraumhaften Zustand der Verwirrung ersetzt wurde. Blind und taub für alles außer dem unnatürlichen Geräusch wäre das Pferd auf Gnade und Ungnade dem Mann ausgeliefert gewesen, der für diesen Schrecken verantwortlich war und es allein von seiner Qual erlösen konnte.

Abgesehen von der Tatsache, daß Pferde ein sehr scharfes Gehör haben, gibt es noch ein weiteres Argument, das diese Theorie stützen könnte: Ein Pferdeschädel ist gebaut wie ein Resonanzboden. (Man hat unter dem Fußboden alter Häuser sogar vergrabene Pferdeschädel gefunden, die das Echo verstärken und, wie ein irischer Geschichtswissenschaftler sagte, «zu einer Zeit, als Musik und Tanz wesentliche Bestandteile des Lebens in ländlichen Gemeinden waren, das Getrappel tanzender Füße vermitteln sollten».) Was Sullivan auch tat, er hatte das Pferd nach seiner Behandlung völlig in der Hand, und es wird berichtet, daß jedes Pferd danach Furcht und Schrecken zeigte, wenn er es nur ansprach oder auch nur in seine Richtung sah. Die Annahme, daß Sullivan seine Ergebnisse durch Terror erzielte, wird auch dadurch gestützt, daß alle Pferde, die er behandelt hatte, unweigerlich in ihr voriges Benehmen zurückfielen, sobald sie seinem Einfluß entzogen waren.

Sullivans Erfolg verleitete andere, ihr Glück ebenfalls mit dem «Flüstern» zu versuchen. Aus den verschiedensten Gegenden der Britischen Inseln wird von Nachfolgern berichtet, die ihre geisterhaften Ratschläge hinter verschlossenen Türen erteilten. Abgehärtete Pferdeleute, die sahen, was bei ihrer Arbeit herauskam, und etwas von dem aufschnappten, was vorging, erklärten es für grausam. Sullivans eigene Methoden allerdings blieben ein Geheimnis. Er traute niemandem, nicht einmal den eigenen Söhnen, und war so vorsichtig, sich zu Tode zu trinken, bevor jemand hinter sein Geheimnis kam.

Schon zu seinen Lebzeiten, aber auch später warf Sullivan jedoch einen Schatten auf alle, die die natürliche und echt mysteriöse Fähigkeit besaßen beziehungsweise besitzen, allein durch ihre Gegenwart oder die Berührung ihrer Hände auf jedes Pferd beruhigend zu wirken. Diesen einfachen, unbekannten Menschen, deren Fähigkeiten einem natürlichen und intuitiven Gefühl der Harmonie mit Tieren entspringen, fügte Sullivan großen Schaden zu.

Leute mit dieser natürlichen Begabung machten keine Reklame für sich und gaben keine Vorstellungen ihrer Fähigkeiten. Sie sprangen ein, wenn sie gebraucht wurden, und verschwanden dann so still, wie sie gekommen waren. Zwei Geschichten über «Flüsterer» haben mir Mitglieder des Instituts für irische Folklore an der Universität Dublin erzählt. Dr. Caoimhín Ó Danachair berichtete, daß er um 1920 herum auf einem Pferdemarkt in Rathkeale in der Grafschaft Limerick einen «Flüsterer» bei der Arbeit gesehen habe. Es gab dort einen jungen Hengst, der sich so wild gebärdete, stieg und um sich schlug, daß niemand sich in die Nähe wagte. Nach einer Weile ging ein Junge von vielleicht siebzehn Jahren zu ihm hin, sprach mit ihm und rieb ihm die Nase. Das Pferd beruhigte sich fast augenblicklich, und nach ungefähr einer Minute ließ es sich von dem Jungen «wie ein Lamm» wegführen. Dr. Danachair erfuhr, daß der Junge zu einer bekannten fahrenden Pferdehändlerfamilie namens Sheridan gehörte, deren Mitglieder alle im Ruf standen, eine besondere Gabe zu besitzen, etwas, was die Dorfleute «the Horseman's Word» nannten. Der Junge selbst sollte fähig sein, ein rohes Pferd innerhalb von Minuten zu beruhigen und einzureiten.

Im *Journal of the Folklore of Ireland Society* (1977/79) zitiert Dr. Dáithí Ó hÓgáin eine Geschichte, die er von seinem Vater gehört hat:

«Vor sehr, sehr langer Zeit – als es noch die irischen Zugpferde gab – habe ich einmal gesehen, wie zwei Männer einen bösartigen Hengst kauften. Er war so böse, daß er beim bloßen Geräusch der Menge draußen vor Wut weiß schäumte. Es war auf einer Auktion, aber keiner wollte auf ihn bieten, nur diese zwei Burschen aus Mullinahone. Also kriegten sie ihn ganz billig, für vierzig oder fünfzig Pfund. Und alle Leute blieben da und wollten sehen, was passieren würde, wenn sie den Hengst aus dem Stall holen wollten. Dann ging einer der Burschen hinein, und der Hengst kam wiehernd auf ihn zu. Der andere Bursche machte die Tür hinter ihm zu. Sie dachten alle, es würde nicht viel von ihm übrig bleiben. Stattdessen führte er den Hengst heraus, so friedlich wie ein Schaf. Sie führten ihn weg und nahmen ihn mit nach Mullinahone!»

Noch erstaunlicher ist die Geschichte, die ein Mann aus der Grafschaft Mayo erzählte, der sie wiederum von einem Tierarzt hatte, der selbst dabeigewesen war. Bei Steinbrucharbeiten kam es zu einem Unfall, bei dem sich eine Ladung kochendes Wasser über ein Zugpferd ergoß. Das Pferd schrie vor Schmerzen. Man holte den Tierarzt, um ihm irgendwie zu helfen, aber das Pferd wollte ihn nicht an sich heranlassen. Dann hatte jemand die Idee, aus dem Dorf den Flüsterer holen zu lassen. Er kam, und der Tierarzt berichtete, daß das Tier sich sofort beruhigte, «als es nur seine Hand auf dem Körper spürte».

Heute ist es zu spät, einen Flüsterer aufzutreiben und im Labor Untersuchungen mit ihm anzustellen, ob sein Körper etwa chemische Unterschiede aufzuweisen hätte, die ihn für Pferde zu etwas Besonderem machten, oder ob seine Fähigkeiten in seinem psychologischen Aufbau begründet lägen. Die Flüsterer verschwanden, als ihre Dienste überflüssig wurden. Als sich die Welt von den Pferden ab- und den Maschinen zuwandte, geriet ihre Art in Vergessenheit. Die Geheimnisse der alten Pferdeleute, deren Kunst generationenlanger praktischer Erfahrung entstammte, wurde mit ihren Trägern begraben. Damals maß ihnen niemand mehr Bedeutung bei.

Vor dem Maschinenzeitalter hatten sich Berufe wie Pferdepfleger, Pflüger oder Zureiter immer in Familien weitervererbt, waren vom Vater auf den Sohn übergegangen. Das bedeutete, daß ein Vater seinem Sohn alles weitergeben konnte, was er gelernt hatte. Es bedeutete aber auch, daß man den Beruf, in den man hineingeboren wurde, zu ergreifen hatte, ob man sich dafür eignete oder nicht. Und man mußte gut sein in diesem Beruf. Als in der Landwirtschaft, der Industrie und dem Transportwesen noch alles von den Pferdestärken abhing, wurde von einem Pferdemann erwartet, daß er gesunde, gut ausgebildete Pferde herausbrachte, die ihrer Arbeit gewachsen waren. Das war keine Frage des Stolzes; die Zukunft und das Wohlergehen des Mannes und das seiner ganzen Familie hingen davon ab.

Es gab sehr wenige wissenschaftliche Grundlagen über Pferdehaltung und Pferdekrankheiten. Den Zigeunern wurde die Macht nachgesagt, kranke Pferde zu heilen, und wenn sie in der Nähe waren, ließ man sie holen, wenn es Schwierigkeiten gab. Aber meist mußten sich die Leute auf ihren gesunden Menschenverstand und den Rat der Älteren verlassen, sofern diese fähig und willens waren, ihnen zu helfen. Man schätzte sich glücklich, jemanden mit einer Begabung für Pferde in der Gegend zu haben. – Wenigstens einer, an den man sich wenden konnte, wenn man nicht mehr weiter wußte. Und das war ziemlich oft der Fall, denn noch immer gab es nur zu viele, welche die ihnen anvertrauten Tiere mit brutaler Gewalt behandelten und zugrunde richteten. Wenn man keine Ahnung von Pferden hat, ist es auch nicht gerade angenehm, mit einem bösartigen, mißlaunigen Riesenbiest von Pferd umgehen zu müssen, ohne zu wissen, warum es sich so verhält – und genau das war für viele das schlimme tägliche Brot. Da ist es nicht verwunderlich, daß einige zu verzweifelten Mitteln griffen. Alles muß ihnen besser erschienen sein als die Angst und der unaufhörliche Kampf darum, ein gepflegtes, manierliches Pferd herauszubringen, das die Billigung des Arbeitgebers fand.

In seinen hervorragenden Büchern über die mündliche Überlieferung in ländlichen Gegenden beschreibt George Ewart Evans zwei verschiedene Wege, wie Leute, die berufsmäßig mit Pferden zu tun hatten, ihre Probleme zu lösen versuchten. An beiden Methoden ist etwas Bezeichnendes; ich werde noch darauf zurückkommen.

Das erste Beispiel läßt einen heute noch frösteln. Nach George Evans war es besonders in Ostanglien und Cambridgeshire verbreitet: Ein Ritual, das unter dem Namen «Mondwasser» bekannt war. Es galt, einen Frosch oder eine Kröte zu fangen, zu töten und den Körper in einen Dornbusch zu hängen, bis nur noch das Skelett übrigblieb. In einer Vollmondnacht mußte man dann das Skelett zu einem fließenden Gewässer tragen und es hineinwerfen. Wenn das Wasser das Skelett mit sich forttrug, solllte sich ein Knöchelchen ablösen und flußaufwärts, gegen die Strömung, schwimmen: Ein kleines, gabelförmiges Knöchelchen, geformt wie eine Wünschelrute oder wie der Strahl in einem Pferdehuf.

Auf dieses Knöchelchen kam es an. Solange es im Wasser trieb, mußte man sich voll auf seinen Anblick konzentrieren und durfte sich um nichts in der Welt davon ablenken lassen, auch wenn man die seltsamsten Geräusche um sich herum hörte. Angeblich sollten Bäume und Büsche nämlich wild mit ihren Ästen schlagen, als ob sie von einem Unwetter geschüttelt würden, und die Erde sollte stöhnen und ächzen wie bei einem Erdbeben. Achtete man aber darauf, ging der Zauber verloren. Schließlich konnte man den Knochen aus dem Wasser fischen und mitnehmen. Wer diesen Knochen besaß, glaubte zumindest, er könne mit Pferden alles tun, was ihm beliebe. Der Preis dafür war allerdings hoch, denn es war ja die Kraft des Bösen, die in dem Knochen gefangen war und für den Besitzer arbeitete. Wer das Ritual ausübte, wußte, daß er den Teufel zu Hilfe rief, und unter der Last dieses Bewußtseins starben viele denn auch unter merkwürdigen Umständen oder verloren den Verstand. George Evans gibt ein Beispiel von solch einem «Krötenmann», der mit den Mächten, die er mit dem «Mondwasser» beschworen hatte, nicht mehr fertig wurde. Es handelte sich um einen Pflüger, der mit einem riesigen Hengst zu arbeiten hatte. Der Hengst wog etwa eine Tonne und erschien dem armen Mann Nacht für Nacht, kaum daß er sich ins Bett gelegt hatte. Das Seltsamste an der Geschichte aber ist, daß nicht der Pflüger allein die schreckliche Erscheinung sah – sein Weib sah sie ebenfalls.

Das zweite Ritual, das George Evans beschreibt, war die Einführung in den örtlichen Geheimbund, genannt «Horseman's Word». Diese Geheimbünde bestanden viele Generationen lang überall in England und Schottland. Geheim waren sie einmal, weil ihnen mehr als nur ein Hauch von Zauberei anhaftete, aber auch aus ganz praktischen Gründen, denn die Informationen, zu denen die Mitglieder Zugang hatten, stellten das gesammelte Wissen der Bruderschaft dar und wurden als solches sorgsam gehütet. Die Form dieser Einführung hing von der Gegend ab, in der sie stattfand, und von den Wünschen der älteren Mitglieder, die die Zeremonie überwachten. Ein typisch schottischer Initiationsritus wird von J. M. McPherson in seinem Buch *Primitive Glaubensformen im Nordosten Schott-*

lands (Primitive Beliefs in the North East of Scotland, 1929) beschrieben. Ort der Handlung war gewöhnlich ein einsam gelegener Stall oder Schuppen, die Zeit natürlich Mitternacht. Der Neuling hatte einen Laib Brot, eine Flasche Whisky und eine Kerze mitzubringen. Hinter einer Art primitivem Altar aus Strohballen nahmen vier ältere Mitglieder Aufstellung und leiteten die Veranstaltung. Alles, was geschah, war dazu gedacht, das neue Mitglied so tief wie möglich zu beeindrucken. Aufgenommen wurden Männer zwischen sechzehn und dreißig, die sich in ihrem Beruf bereits bewährt hatten und einer Mitgliedschaft für wert erachtet wurden. Zuerst wurde der Neuling einer sorgfältig arrangierten, in Wirklichkeit ganz harmlosen «Feuerprobe» unterzogen, mit der er sein Vertrauen zu seinen Mitbrüdern zu beweisen hatte. Dann mußte er schwören, die Geheimnisse des Bundes zu bewahren und jedem Mitbruder zu Hilfe zu kommen, der irgendwie in Not geriet. Höhepunkt der Zeremonie war die Weitergabe des «Horseman's Word», des Leitspruchs der Geheimbündler. In der schottischen Version wurde der Neuling gefragt, was er sich am meisten wünsche, und er hatte zu antworten: «Mehr Licht» (Wissen). Das Geheimnis, in das er nun eingeweiht wurde, bestand darin, daß er von jetzt an sein Pferd als gleichberechtigten Partner in der Bruderschaft zu betrachten habe. Mensch und Pferd müßten ein Ganzes bilden, in vollständiger Harmonie. Der Überlieferung nach lautete ein Leitspruch: «Beide in einem».

Kein Wunder, daß die Mitglieder dieser Geheimbünde ihre Geheimnisse bewahrten. Zu einer Zeit, in der die vorherrschende Meinung war, daß man Pferde «meistern» müsse, wäre der Gedanke einer gleichberechtigten Zusammenarbeit zwischen Mensch und Tier den meisten Leuten ein Greuel gewesen. Für den nunmehr Eingeweihten jedoch, der voller Ehrfurcht im Licht der Kerze in der verlassenen Scheune vor seinen Vorgesetzten stand, bedeuteten die Worte eine Erleuchtung. Ihm eröffnete sich ein ganz neues Bild von sich selbst in Beziehung zu den Tieren, mit denen er umzugehen hatte, und das mit der Gewißheit, daß er von diesem Augenblick an mit allen Schwierigkeiten fertig werden würde. Man kann die Weisheit dieser alten Pferdemenschen nur bewundern, die die jüngeren, weniger erfahrenen in ihren eigenen erleuchteten Zirkel zogen. Sie wußten auch einiges über Psychologie, denn die Zeremonien waren ganz bewußt so angelegt, daß sie die größtmögliche Wirkung zeitigten und dem Neuling als das wichtigste und eindrucksvollste Ereignis seines Lebens in Erinnerung blieben.

Einmal im Geheimbund aufgenommen, hatte er den Vorteil, daß er immer einen Mitbruder zu Hilfe rufen und Gebrauch von dem machen konnte, was die Gesellschaft über Heilkräuter und die Behandlung von Krankheiten wußte. Natürlich liefen Gerüchte über die Existenz dieser Gesellschaften um, und da niemand wußte, was dabei vorging, erfand man eben etwas. Auf diese Weise wurden «Horseman's Word» wirklich höchst merkwürdige Kräfte zugeschrieben.

In Schottland hieß es, «Horseman's Word» könne ein Pferdegespann in Brand setzen, ohne daß es verbrenne, und mit dem Pflug, ohne Mann noch Roß, eine Furche ziehen. Kraft dieses Zauberspruchs soll auch ein schottischer Edelmann einmal eine Kutsche quer über einen See gefahren haben, ohne daß die Pferde auch nur nasse Füße bekamen. Und natürlich traute man der Gesellschaft den berühmten alten Trick zu, ein Pferd oder sogar einen leblosen Gegenstand anzuhalten und solange an seinen Platz zu bannen, bis er «losgesprochen» wurde. Im September 1756 wurde ein Mann namens Peter Pairmy beschuldigt, einen Pflug «angehalten» zu haben. Er sollte den «Spruch» gesagt, den Pflug mit einem Stock berührt und ihm befohlen haben, «still zu stehen, bis er ihn wieder löse». Man erklärte die Sache zum öffentlichen Skandal und sprach eine Verwarnung aus.

Was die wirklichen Pferdeleute von dieser Art Humbug hielten, kann man nur ahnen. Vielleicht amüsierten sie sich darüber. Auf jeden Fall schadete der Ruf, ein paar kleinere Wunder vollbracht zu haben, ihrem Ansehen in der Gemeinde nicht. Noch amüsanter muß die Tatsache gewesen sein, daß man denen, die den «Spruch» kannten, so viel Macht über das weibliche Geschlecht zutraute, daß ihnen jede Frau überallhin folgen mußte.

Die beiden Methoden, Macht über ein Pferd zu gewinnen – die des Krötenmannes und die der Geheimbundmitglieder – haben etwas sehr Interessantes gemeinsam. Die betreffenden Männer versuchten nämlich nie, ihre Pferde, sei es durch Magie oder auf welche Weise auch immer, zu verändern. Wenn sie etwas veränderten, dann sich selbst, und zwar dadurch, daß sie ein gewaltiges Selbstvertrauen entwickelten. War das geschafft, verschwanden die Probleme von selbst. Dieses Selbstvertrauen war nicht die närrische Überzeugung, daß alles, was sie taten, richtig war und nichts sie verletzen könne. Es war die beruhigende Gewißheit, daß sie zuletzt Erfolg haben würden. Wie sie dazu kamen, ist gleichgültig: Es lief darauf hinaus, daß sie keine Furcht hatten, und das ist tatsächlich ein sehr mächtiger Zauber.

Kapitel 2

Bösartige Bestien

Zu Beginn des 19. Jahrhunderts, als Pferde immer noch einen wesentlichen Bestandteil des täglichen Lebens bildeten und das allgemein übliche Transportmittel darstellten, hätte man meinen sollen, daß die Menschen im Umgang mit ihren Tieren ein gewisses Maß an Intelligenz zeigten. Leider spricht einiges dafür, daß sehr viele Leute nicht die leiseste Idee hatten, was sie eigentlich taten. 1830 schrieb Charles Thompson sein Buch *Regeln für schlechte Reiter (Rules for Bad Horsemen).* Offensichtlich hatte er den Eindruck, daß solch ein Buch nötig war, und brachte das auch in der Einleitung zum Ausdruck: «In diesem Land begeistern sich mehr Menschen als irgendwo sonst, eigentlich fast alle, für Pferde und das Reiten. Trotzdem sind es im Vergleich zu ihrer zahlenmäßigen Menge nur wenige, die wenigstens einigermaßen über Pferde Bescheid wissen, und noch weniger, die auch entsprechend handeln.»

Um seine Leser in die Geheimnisse der «horsemanship» einzuführen, fängt Mr. Thompson mit den Grundbegriffen an. Im Kapitel «Aufsitzen» etwa stellt er seiner Leserschaft – zur Illustration, wie man es nicht machen soll – den «ungeschickten Reiter» vor, der sich, kaum daß er einen Fuß im Bügel hat, geradezu auf sein Pferd zu werfen versucht, um sich dann, wenn er sein Ziel verfehlt, «gradweise» in den Sattel zu hieven. Nur, wie Mr. Thompson weise erklärt: «Mit solchen Aktivitäten ist kein Pferd einverstanden, und selbst wenn der Reiter endlich im Sattel sitzt, wird er sich mit anderen Widrigkeiten herumzuschlagen haben. Denn wenn die Mißverständnisse erst einmal angefangen haben, weiß niemand genau, wo sie enden.» Wie wahr!

Mr. Thompson erkennt den ängstlichen Reiter schon aus weiter Entfernung. Das ist der, sagt er, der so weit im Sattel vornüber hängt, daß er Gefahr läuft, sich am Pferdeschädel die Zähne auszuschlagen.

Da die Menschen damals schon als Kinder reiten lernten, und zwar mittels der Methode «Versuch und Fehlschlag», erstaunt es sehr, daß offensichtlich sehr wenig Leute etwas aus ihren Fehlern lernten. Mr. Thompsons ungeschickter Reiter muß mehr Zeit auf dem Boden als im Sattel verbracht haben, aber alles, was er daraus schloß, war, daß seine natürliche Angst vor Pferden absolut gerechtfertigt sei.

Selbst heute noch denken manche Leute, Reiten lerne man von selbst, wenn man erst Gelegenheit dazu habe. Bei den meisten klappt es nicht, und das war schon immer so. Das einzige, was von selbst kommt, ist die Angst; Angst und Frustration, wenn es einem nicht gelingt, das Pferd zu dem zu bringen, was man eigentlich wollte. Zu den «praktischen Tips», die 1842 in einem kleinen Büchlein veröffentlicht wurden, gehörte auch dieser: «Meide triebige Pferde. Es gibt nichts Ärgerlicheres als ein Pferd, das lieber stehen bleibt als vorwärtszugehen.» Jeder kennt solche Pferde, aber wie merkwürdig, daß die Reiter 1842 genauso wenig Ahnung hatten, was sie in solch einer Situation tun sollten, wie heutzutage der grünste Anfänger auf einem Verleihpferd.

Im Jahre 1810 verfaßte ein Mann namens John Lawrence eine zweibändige *Philosophische und praktische Abhandlung über Pferde (Philosophical and Practical Treatise on Horses).* Falls seine Eindrücke ein getreuliches Spiegelbild der allgemeinen Haltung Pferden gegenüber darstellten, ist es ein äußerst trauriges Bild, das er da malt. Mr. Lawrence fand es «lachhaft», wenn jemand ein widersetzliches Pferd klopfte und streichelte, «während das liebe Tier sich aufblies, die Augen verdrehte und mit gehässigem Seitenblick die ganze Verachtung verriet, die es für seinen Reiter hegte». Mr. Lawrence mochte keine widersetzlichen Pferde. Ganz und gar nicht. Sein Rat für jeden, der unglücklich genug war, solch ein Tier zu besitzen, lautete, es so schnell wie möglich loszuwerden, statt auch noch Geld für seinen Unterhalt zu bezahlen. «Gib ihm so bald und so kräftig wie möglich eins über den Schädel», hieß es bei ihm, «bevor es noch einen Unfall verschuldet.»

Sein besonderes Interesse galt auch den Beißern und Schlägern unter unseren vierbeinigen Freunden. Er kannte zwei Stuten von dieser Sorte, beide «gut bei der Arbeit» und «manierlich außerhalb des Stalles», im Stall jedoch – «riß eine der beiden einem Jungen, abgesehen von kleineren Unfällen, die Eingeweide heraus». Die beiden Stuten standen ein Jahr lang in seinem Stall, und er versuchte es als Experiment mit jeder Art von Behandlung. Umsonst, sie waren nicht zu kurieren.

«Stattdessen», berichtet Mr. Lawrence mit einer gewissen mürrischen Befriedigung, «machte auch die größte Härte sie nur noch schlimmer und wilder, statt ihren Geist zu brechen.» Nachdem er seine Leser mit der Beschreibung der vielen «traurigen Unfälle» ergötzt hat, von denen er gehört hat, kommt er mit seinem Rat für alle heraus, die sich mit einem widersetzlichen Pferd konfrontiert sehen, das unerklärlicherweise noch keinen Schlag über den Schädel erhalten hat: «Wenn es überhaupt eine einigermaßen sichere Methode gibt, sich bösartigen Tieren zu nähern, dann die, sie mit recht lauter und strenger Stimme vorzuwarnen, jedoch jeden Anschein von Aggressivität zu vermeiden.»
Von anderen Autoren wurden auch vernünftigere und praktikablere Ratschläge erteilt, es gab jedoch, so unglaublich dies klingen mag, auch noch schlimmere Beispiele der Verbohrtheit als das von Mr. Lawrence. Hier ein Zitat aus einer Sammlung altmodischer Anweisungen, die als *Pferdehalters Handbuch der Tips und Kniffe (The Horsekeeper's Handbook of Tips and Winkles)* erschien; in der Passage über den «Umgang mit einem wilden, bösartigen Pferd» heißt es: «Gehe an das Pferd mit festem Schritt heran und sieh ihm dabei unverwandt ins Auge. Halte einen Revolver mit Platzpatronen in der Hand. Versucht es, auf dich loszugehen, schieß sofort deinen Revolver ab, nicht direkt gezielt, sondern unmittelbar vor seinem Gesicht. Das versetzt dem Pferd einen plötzlichen Schock und lenkt seine Aufmerksamkeit von dir ab. Das ist deine Chance, falls es sich in einer Box befindet. Bevor es sich wieder gefaßt hat, geh rasch hinein, ergreife es am Halfter und feure noch einmal an seinem Gesicht vorbei; dazu schreist du es an: ‹Was soll das heißen? Was fällt dir ein?› und Ähnliches.»
Welche Haltung Pferden gegenüber Mitte des 19. Jahr-

hunderts üblich war, ist in der Einleitung zum 1858 erschienenen Buch *Die Kunst, Pferde zu zähmen (The Art of Taming Horses)* zusammengefaßt. Diese Einleitung stammt vom Herausgeber Henry Hall Dixon und liest sich so: «In Irland wie in England haben sich zwei Methoden durchgesetzt, ein eigenwilliges junges oder ein bösartiges Pferd zu zähmen: Entweder vom Sattel aus, mit Sporen und Gerte, durch kräftiges Longieren oder aber durch Entzug von Wasser und Futter sowie schlaflose Nächte.»

Diese Art Brutalität war jedoch nicht auf die Britischen Inseln beschränkt. Der Autor fährt fort: «Deutsche Reitlehren empfehlen, bösartige Pferde zur Ader zu lassen und sie damit ruhiger zu machen ...»

Aus Frankreich wurde 1846 berichtet, daß ein französischer Zureiter ein Vermögen damit gemacht habe, daß er bösartige Pferde aufgekauft und sie nach wenigen Tagen, völlig ruhig, wieder verkauft habe. «Sein Allheilmittel war eine bleibeschwerte Peitsche, die er den Pferden beim ersten Anzeichen von Widersetzlichkeit freizügig zwischen die Ohren schlug.»

Mitten in diese geräuschvolle, chaotische und unglückliche Situation platzte ein Amerikaner namens John Solomon Rarey mit gänzlich anderen Ideen. Am 26. November 1857 legte sein Schiff in Liverpool an.

Kapitel 3

John Solomon Rarey: Der «stille Geist»

John Solomon Rarey, Sohn eines Farmers aus Groveport, Ohio, wurde 1827 geboren und verbrachte seine ganze Jugend damit, Pferde zu studieren. Zu zähmen begann er sie mit zwölf Jahren, und später reiste er im Land herum und demonstrierte seine Methoden. Um 1857 traf er auf einer Kanadareise einen Kaufmann aus Toronto namens Goodenough und machte ihn zu seinem Geschäftspartner. Goodenough besaß ein sicheres Gespür für Geld und merkte, daß Rareys Talent im Umgang mit Pferden sich gewinnbringend vermarkten ließ. Er brachte es zuwege, daß Rarey sein System vor General Sir William Eyre, dem obersten Befehlshaber der kanadischen Streitkräfte, vorführen konnte. Dieser Vorstellung hatte er es zu verdanken, daß er schließlich nach England kam. Der General war so beeindruckt, daß er Rarey Einführungsschreiben an bedeutende Mitglieder des englischen Hofes mitgab und ihn auch

den Horse Guards empfahl, weil sein System «ihm selbst neu und für militärische Zwecke wertvoll» sei.
In London gingen Rarey und Goodenough zu einem Mr. Joseph Anderson und seinem Assistenten George Rice (bekannt als Jos Andersons Premierminister), die dort einen Tattersall (kommerzielles Unternehmen, das Reitpferde vermietet) unterhielten. Sie waren auf der Suche nach einem wirklich wilden Pferd, an dem sich Rareys System demonstrieren ließ. Mr. Anderson hatte genau das Richtige für sie – einen feurigen Rapphengst, der kürzlich an einen Sir Matthew White Ridley verkauft, aber prompt als bösartig und lebensgefährlich zurückgegeben worden war. Anderson sagte, daß niemand in seinem Stall irgend etwas mit dem Pferd anfangen könne. Sie kamen überein, daß Rarey eine Woche mit dem Pferd arbeiten und danach öffentlich zeigen sollte, welche Fortschritte er erzielt hätte.
Die Vorstellung, daß ein Amerikaner herüberkommen mußte, um ausgerechnet Engländern zu zeigen, wie man Pferde behandelt, war neu, aber nicht besonders willkommen. Trotz der weitverbreiteten Unwissenheit und Grausamkeit gab es in England jede Menge Sportsleute, die sich auf ihren Pferdeverstand etwas einbildeten und Amerikaner als rüde Cowboyreiter abtaten.
Als Rareys Woche um war, machten sich zahlreiche Londoner – Pferdeleute und Zeitungsschreiber – auf, um sich selbst ein Bild von diesem «amerikanischen Humbug» zu machen. Sie fanden in Rarey einen Mann von etwa dreißig Jahren, mittelgroß und gut gebaut, blond, hellhäutig, mit großen, grauen Augen und ruhigen, reservierten Manieren. Und was war mit dem Hengst?
«Omnibus» berichtete im *Sporting Magazine*:
«Was wir schreiben, sahen wir auch wirklich. Der

schwarze Hengst war nur noch äußerlich schwarz. Er hatte sich von Grund auf geändert – so gut wie nichts mehr vom alten Teufel ... Mr. Rarey saß auf, und mit dem Zügel locker auf dem Hals wendete und bewegte sich das Pferd auf leise Andeutungen der Zügelhand. Mr. Rarey war keinerlei Anstrengung anzumerken, und das Pferd wirkte weder ängstlich noch nervös. Es war sogar so ruhig, blickte so entspannt und zufrieden, daß es schwerfiel zu glauben, daß dies derselbe widerspenstige Teufel sein sollte, von dem nur zu viele ein Lied singen konnten. ‹Die Manier› des Pferdes erinnerte einen eher an ein altes Familienpony, das weniger unterjocht, als vielmehr durch gute Behandlung und lange Gewöhnung gewonnen wurde.»

Rarey saß ab und ließ einen alten Reitersmann aufsitzen, der eine Zigarre rauchte. Zum Absitzen ließ er sich nach hinten über die Kruppe rutschen. Nichts passierte, obwohl Anderson und George Rice versicherten, eine Woche zuvor hätte ihm der Hengst noch den Schädel zertrümmert.

Man hatte angenommen, daß Rarey mit Tricks arbeitete, aber wenn das Tricks waren, dann waren sie ganz neu und höchst verblüffend. Rarey versicherte seinem Publikum, daß er keine Drogen oder andere Mittel verwende, die dem Pferd schaden könnten. Seine Methoden beruhten auf nichts als guter Behandlung, und er sei als Erzieher gekommen, nicht als Gladiator. Niemand hatte die leiseste Ahnung, wovon er überhaupt sprach, aber es sprach sich schnell herum, daß Rarey etwas Besonderes war. Im Januar 1858 wurde Rarey nach Schloß Windsor gerufen. Er sollte Königin Victoria seine Künste vorführen. Diesen Besuch beschrieb er seiner Schwester zu Hause in einem Brief, den Sara Lowe Brown, Rareys Nichte, in ihrem Buch

Das Pferd Cruiser (The Horse Cruiser) folgendermaßen zitiert:
«Als ich Ihrer Majestät und dem Prinzgemahl vorgestellt wurde, saß ich auf dem Rücken eines großen, wilden Junghengstes, der ganz ruhig, mit hocherhobenem Kopf dastand. Mit dem Hut in der Hand hielt ich der versammelten Hofgesellschaft eine kurze Ansprache.»
Dann beschreibt Rarey, wie er das Pferd, das der Stallmeister der Königin für ihn ausgesucht hatte, gezähmt hatte:
«... Ich war ungefähr fünfzehn Minuten mit dem Pferd allein in einer Box. Als Königin Victoria und Prinz Albert hereinkamen, fanden sie das Tier am Boden liegend vor und mich daneben, einen seiner Hinterfüße unter dem Kopf, den anderen quer über der Brust. Das erstaunte sie so, daß sie in Lachen ausbrachen ...»
Die ganze Vorstellung war ein Riesenerfolg, und am Ende führte man Rarey durch das ganze Schloß, er wurde zum Abendessen eingeladen und erhielt einen Scheck über 125 Dollar.
Trotz seiner zurückhaltenden Art – er galt als guter Unterhalter, «wenn ihm nach Reden zumute war» – machte Rarey auf alle, denen er begegnete, einen günstigen Eindruck, von der Königlichen Hoheit bis zum Droschkenkutscher, und seine einflußreichen Freunde unter den großen Pferdeleuten Londons halfen ihm, ein Programm aufzustellen: Gegen Gebühr wollte er das Geheimnis seines «Systems» enthüllen. Das Problem bestand darin, daß er sich selbst aus dem Geschäft warf, wenn seine Gedanken Allgemeingut wurden, und außerdem bestand die Gefahr, daß sein «System» – falsch verstanden – den Pferden nur noch mehr Leid bringen würde. Rarey wurde in den Reit-

1. John S. Rarey gibt im Januar 1858 im Buckingham Palast vor Königin Victoria eine Vorstellung über die Kunst des Pferdezähmens.

2. John S. Rarey und Cruiser im Jahre 1860; Gemälde von Miner Kellogg.

stall am Hyde Park Corner eingeführt und machte genügend Eindruck, daß man eine Liste auflegte, in die sich an seinem System Interessierte eintragen konnten. Die Teilnehmer mußten zehn Guineen im voraus entrichten und sich verpflichten, Rareys Methode nicht weiterzuverbreiten, widrigenfalls ihnen eine Strafe von £ 500 drohte. Rarey seinerseits verpflichtete sich, mit dem Unterricht zu beginnen, sobald 500 Guineen an Vorauszahlungen zusammengekommen waren.
Man rannte ihm nicht gleich die Türe ein. Auch wenn Königin Victoria ihn amüsant gefunden hatte – der Rest von London war anderer Meinung. Eine Menge Köpfe wurden geschüttelt. Sollten Englands Pferdeexperten im Ernst glauben, daß ausgerechnet diesem Amerikaner eine Idee von so revolutionärer Art gekommen war, daß es alles über den Haufen warf, was früher als richtig gegolten hatte? Aus Rarey war nur herauszubringen, daß er sein System selbst erdacht habe. Es kam aus seinem eigenen Kopf, wie er sagte, aber das half auch nicht weiter. Die Leute wollten noch einen sichereren Beweis seiner Fähigkeiten, bevor sie Geld dafür ausgaben. Schließlich waren zehn Guineen 1858 ungefähr soviel wert wie heute etwa 750 DM.
In diesem Augenblick beschloß Lord Dorchester von Murrell's Green (in Hampshire), Rareys Bluff auffliegen zu lassen und ihn herauszufordern. Lord Dorchester besaß ein Pferd namens Cruiser, der als Zweijähriger das schnellste Rennpferd von ganz England gewesen war. Doch Cruiser war als Fohlen schon bösartig gewesen, und als er älter wurde, wurde er zum «verkörperten Bösen», zu einem Tier, das «in weniger Zeit mehr kämpfen» konnte als jedes andere Pferd seiner Zeit. Lord Dorchester selbst hatte miterlebt, wie er sich einmal gegen seine Boxenwand gestemmt und zehn Minuten lang unaufhörlich geschrien und ge-

schlagen hatte. Einmal soll er eine zwei Zentimeter dicke Eisenstange durchgebissen haben. Lord Dorchester schrieb: «Wenn Mr. Rarey seine Kritiker schachmatt setzen will, dann soll er hierher nach Murrell's Green kommen und sein Glück bei Cruiser versuchen. Wenn er aus ihm ein Reitpferd macht, garantiere ich ihm Unsterblichkeit und einen Betrag in bar, der einem Bankdirektor den Mund wäßrig machen würde.»
Rarey nahm die Herausforderung sofort an, ohne irgend etwas über den Ruf des Pferdes zu wissen. Er kann nichts gewußt haben, denn er bat Lord Dorchester, «ihm das Pferd nach London zu überstellen». Das war ein Ding der Unmöglichkeit. Einige Jahre zuvor hatte ein Gestüt den Hengst zur Hälfte gekauft, wollte ihn aber als Deckhengst in Yorkshire aufstellen. Der Groom (Reitknecht), der ihn dort hinbringen sollte, hatte den Auftrag, unter keinen Umständen unterwegs anzuhalten, stellte ihn aber trotzdem in einem Landgasthof ein, um sich dort mit Speis und Trank zu stärken. Man hatte den ganzen Gasthof abreißen müssen, um das Pferd wieder herauszubringen.
Nach zwei Jahren hatte das Gestüt genug von ihm gehabt und ihn nach Murrell's Green zurückgeschickt, wo er in einem gemauerten Stall untergebracht war und einen acht Pfund schweren eisernen Maulkorb mit einer Eisenstange vor dem Maul tragen mußte, so daß er sein Futter nur mit der Zunge auflecken konnte. Trotz allem hatte er es fertiggebracht, mehr als einen Stallburschen zu beißen, und das Personal lebte derartig in Furcht vor ihm, daß sie vorhatten, ihn zu ihrer aller Sicherheit zu blenden. Deshalb antwortete Lord Dorchester Rarey, daß er das Pferd nicht nach London schicken könne. Rarey würde herkommen müssen.
Diese Herausforderung erregte allgemeine Begeisterung. «Das richtige Pferd für Mr. Rarey, und auch am

richtigen Ort», schrieb ein Reporter am 2. März 1858 frohgemut in der *Morning Post.* Wie schon Konfuzius gesagt haben soll: «Nichts ist angenehmer anzuschauen als ein alter Freund, der vom Dach fällt.» Dies versprach sogar ein noch angenehmerer Anblick zu werden – der englische Roßbändiger, wie er von Englands Spitzenvollblüter zerfleischt wurde.

Rarey brach also auf nach Murrell's Green. Man zeigte ihm den Stall. Er lag am Ende eines engen Ganges, der wenig Bewegungsfreiheit ließ. Die Stalltür war aus solidem Eichenholz und ließ sich in zwei Hälften öffnen, so daß die Pfleger dem Pferd das Futter hinwerfen konnten, ohne ihm allzu nahe kommen zu müssen.

Unter den Blicken von Lord Dorchester und seinem Stab öffnete Rarey die obere Türhälfte, legte den Arm auf die untere Hälfte und sah dem Pferd ruhig entgegen. Man sagte ihm die Fähigkeit nach, Menschen und Pferde auf einen Blick einschätzen zu können. Zweimal fiel das Pferd ihn mit wütendem Gebrüll an. Der Amerikaner blieb, wo er war, gerade außer Reichweite hinter seiner Türhälfte. Als der Pferdekopf dann herausgeschossen kam, packte er das Halfter, band Cruiser an der Heuraufe fest und entfernte sich. Als Englands gefürchtetster Hengst merkte, was ihm geschehen war, schoß ihm das Blut in den Kopf, und er begann derartig zu wüten, daß sein nobler Besitzer es mit der Angst zu tun bekam und Rarey bat, die Wette zu vergessen und aufzugeben. Rarey wollte nichts davon hören. Eine Viertelstunde lang schrie und fauchte und kämpfte der Hengst, bis Rarey den Zeitpunkt für gekommen hielt, sich wieder einzuschalten. Genau dann erhielt Cruiser den ersten Vorgeschmack von Rareys System des Pferdebändigens. Drei Stunden später ritten er und Lord Dorchester das Pferd die

Straße auf und ab. Lord Dorchester erklärte sich für voll und ganz befriedigt, aber Rarey war noch nicht fertig mit dem Hengst. Er wollte ihn mitnehmen und weiter ausbilden. Lord Dorchester war einverstanden. Wie aber wollte Rarey das Pferd nach London bringen? – Ganz einfach:

Als Rarey abfahrtbereit war, band er Cruiser hinten an seinem Dogcart fest, fuhr los, und Cruiser trottete brav hinterher. Ihre Ankunft in Jos Andersons Stall am Piccadilly war eine Sensation. Das konnte doch nicht Cruiser sein, der Schrecken von Murrell's Green, von ganz Yorkshire und überall, wo er sonst noch gewesen war! – Er war es. Rarey versprach, den verwandelten Cruiser dem hochverehrten Publikum vorzustellen, sobald der Unterricht beginne. Soweit sei es aber noch nicht, da laut der Einschreibungsliste bisher nur etwa 250 Guineen zusammengekommen seien.

Rarey überließ die Liste sich selbst und begab sich nach Paris, wo sich ein weiterer Herausforderer gefunden hatte. Es handelte sich um Stafford, einen braunen Hengst im Besitz von Kaiser Napoleon III. Er muß ein merkwürdiges Tier gewesen sein. Einem zeitgenössischen Journal zufolge besaß der Hengst einen «großen, sargähnlichen Kopf» und hatte einen Gehirnschaden. Entschlossen, Rareys Zusammentreffen mit dem Hengst so zu arrangieren, daß der Hengst so wild und zornig wie möglich war, brachten ihn die Stallburschen blind, mit einem Tuch um den Kopf, steigend und um sich schlagend, zwischen zwei Stricken gehalten, herein. Ein Dritter eilte herzu und schnitt mit einem Messer die Stricke entzwei, bis der Hengst endlich frei war. Rarey beschrieb die Szene hinterher mehrfach mit Genuß. Anscheinend sprach sie seinen Sinn für Humor an. Eine halbe Stunde war er allein mit dem Hengst, dann ritt er ihn, auf gewöhnliche Trense gezäumt, in die Reitschule. Das Pferd war ruhig und fügsam und machte einen völlig veränderten Eindruck. Das zahlreiche Publikum, darunter die wichtigsten Mitglieder des Jockey Clubs, staunte noch mehr, als Rarey dem Pferd die Trense abnahm, wieder aufsaß und es mit gerade nur angedeuteten Hilfen in Renngalopp versetzte und mit einem Wort wieder zum Stehen brachte. Er spannte den Hengst neben einer Stute vor den Wagen, obwohl der Hengst nie zuvor angespannt worden war, und zum Abschluß feuerte er vom Sattel aus einen Revolver ab. Für Rarey und seine Herausforderer stand es 2:0.

Es war die beste Reklame, die sich der Amerikaner wünschen konnte. Wie es in *Household Words*, einer populären, von Charles Dickens herausgegebenen Zeitschrift, hieß: «Hätten sich diese beiden Pferde nicht als Versuchsobjekte angeboten, hätte er die Öffentlichkeit nicht so schnell von sich überzeugen können.» So aber füllte sich die Einschreibliste schnell auf, und an dem Tag, an dem Cruiser erstmals der Öffentlichkeit vorgestellt werden sollte, drängten sich lange vor der festgesetzten Zeit die Menschen vor dem Eingang. Als sich die Türen endlich öffneten, regnete es geradezu Gold und Geldscheine für Mr. Rarey.

Es stellte sich heraus, daß Cruiser der geborene Bühnenstar war. Bei seinem ersten Auftritt kam er sanft wie ein Fohlen hereingetrabt, stellte sich sofort an eine Ecke der Zuschauertribüne und reckte die Nase, um sich streicheln zu lassen. Das Publikum war entzückt. Monate vergingen, und Cruisers Besitzer hatten immer noch das Gefühl, das Pferd solle am besten bei dem Mann bleiben, der als einziger mit ihm fertig wurde. Also blieb Cruiser bei Rarey, und es entstand eine Partnerschaft, die lange dauern und Geschichte machen sollte.

Bei den Vorstellungen trug Cruiser zum Beispiel Rareys Mütze im Maul herum. «In *dem* Maul», ächzte die Presse, «das Eisenstangen durchgebissen und einem Mann trotz des eisernen Maulkorbs den Arm gebrochen haben soll.» Maulkorb und Halfter, «beides ganz fürchterliche Dinge», wurden jedesmal herumgereicht, damit jeder sich selbst von diesen Überresten der «Eisenzeit» in Murrell's Green überzeugen konnte. Die *Illustrated London News* schrieb:

«... es war rührend zu sehen, wie Cruiser seinen alten Maulkorb betrachtete, der ihm wieder angelegt wurde, damit man sehen konnte, was er einmal gewesen war – sein Blick war beinahe vorwurfsvoll und schien zu sagen: ‹Ich bin sicher, ich tue mein Möglichstes.› Es war ein guter Tag für das englische Pferd, als Mr. Rarey sich einschiffte.»

Für Rarey war nun die Zeit gekommen, den begierigen Jüngern sein Geheimnis zu enthüllen. Alle Pferde, die man ihm brachte, hatten sich sämtlichen Zähmungsversuchen zuvor mit Erfolg widersetzt und galten als gefährlich und unkontrollierbar. Rarey glaubte, daß die Bösartigkeit eines Pferdes das direkte Ergebnis von falscher Behandlung, Furcht und Verwirrung war. Er sah sich selbst als Erzieher, wie er betonte. Aber bei den Bestien, die man ihm zur Behandlung in die öffentliche Arena brachte, hatte er die schwierigere Aufgabe. Er mußte Pferde umerziehen, die durch brutale Behandlung bereits verdorben waren. Diejenigen, die das Glück hatten, eine von Rareys Demonstrationen zu sehen, empfanden sein System mehr als Offenbarung denn als Revolution.

Da es wichtig war, zu seinen unruhigen, ungebärdigen Versuchsobjekten so schnell wie möglich eine freundliche Beziehung aufzubauen, bestand der erste Schritt immer darin, daß Rarey so dicht wie möglich an das

betreffende Pferd heranging und ihm ein Vorderbein (gewöhnlich das linke) hochband, um das Pferd unter Kontrolle zu bringen. Rarey selbst schrieb:
«An diesem Vorgang, einem Pferd ein Bein hochzubinden, ist etwas, das ein Pferd schneller und besser unterwirft als alles, was man sonst tun könnte. Und zudem besteht dabei überhaupt keine Verletzungsgefahr für das Pferd und einen selbst, denn man kann das Bein hochbinden, sich hinsetzen und dem Pferd zusehen, bis es aufgibt.»
Das ist ein gutes Beispiel für die ruhige, gelassene Art, in der Rarey vorging. Bei einer öffentlichen Demonstration hatte er allerdings keine Zeit, sich hinzusetzen und abzuwarten. Dabei verwendete er zwei Riemen, mit denen er dem Pferd nacheinander beide Vorderbeine band. Befand sich das Pferd dann gezwungenermaßen in einer knienden Haltung, drückte er es entweder mit der Schulter in aller Ruhe um, oder er zog solange am Riemen des rechten Vorderbeines, bis das Pferd ganz umfiel. Es konnte in seine Richtung oder von ihm weg fallen, und es gehörte zu Rareys Geschicklichkeit, die Bewegungen des Pferdes vorauszuahnen und dafür zu sorgen, daß es in möglichst bequemer Haltung zu liegen kam.
Nun, daß ein Mann ein Pferd umwerfen konnte, war nicht gerade etwas Neues – es war ein wohlbekannter Trick der Zirkusleute; und einige von Rareys Besuchern sagten, sie könnten schon seit vielen Jahren ein Pferd in dieser Art umwerfen. Sie gaben jedoch zu, daß sie den Zweck der Übung entweder nicht verstanden hätten oder zu sehr in Eile gewesen wären, um die Gedankenkette weiterzuverfolgen, die Rarey zu seiner Entdeckung geführt hatte. Das Wichtige daran war nämlich, wie Rareys System zeigte, daß man damit schnellstmöglich das Pferd unter seinen Einfluß

bekam. Und die Offenbarung, die seinen Schülern zuteil wurde, bestand darin, daß Rarey, nachdem er dem Pferd gezeigt hatte, wer der Herr war, sich unverzüglich daran machte, sein Vertrauen und seine Freundschaft zu gewinnen. Während das Pferd hilflos zu seinen Füßen lag, streichelte und massierte Rarey es am ganzen Körper, bis sich alle Muskeln entspannten und das Pferd ganz ruhig war. Rarey erfand die Methode, die als «gentling» bekannt wurde, was von «gentle» kommt und soviel bedeutet wie «freundlich». Und während er das Pferd solchermaßen besänftigte, sprach er ruhig und freundlich mit ihm und streichelte alle Angst, alles Mißtrauen, das das Pferd der menschlichen Rasse entgegenbrachte, einfach weg.

Die Wirkung dieses verhältnismäßig simplen Gedankens war umwerfend. Wenn Rarey die Riemen löste und dem Pferd aufzustehen befahl, zeigte es solches Vertrauen zu ihm, daß es ihm durch die ganze Arena folgte oder sich von ihm mit leisesten Zügelhilfen reiten ließ, auch wenn es noch nie einen Reiter getragen hatte. Was die Augenzeugen aber am meisten beeindruckte, war der Ausdruck der *Zuneigung*, den Rarey bei Pferden zuwege brachte, die eine Viertelstunde zuvor nichts als Furcht und Haß für die Menschheit übriggehabt hatten.

Augenzeugenberichte in verschiedenen zeitgenössischen Zeitungen vermitteln einen Eindruck von seiner Arbeit:

«Mit der gewöhnlichen Schrift der Sterblichen lassen sich die außergewöhnlichen Geräusche und Koseworte nicht wiedergeben, in denen Mr. Rarey sich mit seinen Versuchsobjekten unterhält ... unablässig ist er neben dem Pferd, ermahnend, anleitend, tröstend, dem Pferd beweisend, daß es ihm nicht entkommen kann, auch wenn es sich noch so verstockt zeigt ...»

«Omnibus» vom *Sporting Magazine* beschrieb Rareys Zusammentreffen mit einer weiteren berüchtigten Bestie namens King of Oude:

«Als die Stange ausgehakt wurde ... blieb Mr. Rarey, ohne Gerte oder sonst etwas, nur mit einer langen Führleine, mit diesem beißenden Teufel allein im Ring ... Ein Zuschauer ... zog sich in den Hintergrund zurück und bekannte, daß ihm die Knie zitterten ... Selbst Damen, die ja oft mehr Mut zeigen als Männer, zögerten nicht zuzugeben, daß sie am ganzen Leibe zitterten. Das Tier war mit den Zähnen so gefährlich wie mit den Hufen, und Mr. Rarey mußte ihm mit katzenhafter Behendigkeit immer wieder ausweichen, wenn es angriff. Aber es gelang ihm, die Schulter des Pferdes zu erreichen, und da blieb er. Das Pferd schien von seinem Unvermögen, ihn loszuwerden, ganz verwirrt. Einmal, als es in rasendem Zorn nach ihm biß, schien es geradezu verzagt, als der stille Geist noch immer Wache stand und es mit festem Blick ansah, einem Blick, dem es nicht zum zweitenmal zu begegnen wagte. Bis zu jenem Augenblick hätten wir nie gedacht, daß ein fester Blick so viel Einfluß hätte ...»

Aus seiner langen Erfahrung mit Pferden wußte Rarey, wann ein Pferd sich anschickte zu schlagen; eine plötzliche Muskelanspannung verriet es ihm. Obwohl er es war, der in der Arena stand und der Gefahr ins Auge sah, war er oft der Ruhigste im ganzen Haus. «Omnibus» beschreibt noch eine weitere Gelegenheit, bei der Rarey einen vierjährigen Vollblutschimmel zähmte, der so wild war, daß man manchmal befürchten mußte, er würde in die Zuschauerlogen springen:

«Der Schimmel tobte herum und schlug hinten und vorn aus. Einmal schlug er mit beiden Hinterbeinen nach seinem Bändiger aus, und zwar so nah an dessen

Brust, daß wir alle dachten, jetzt habe Mr. Rareys letztes Stündlein geschlagen. Er aber stand, ohne die Farbe zu wechseln, und bewegte sich nur einen Zentimeter außer Reichweite.»

Dann gibt es noch einen Bericht über Rareys Zusammentreffen mit einem Suffolk, einem riesigen Kaltblüter, dem größten und stärksten Pferd, das Rarey in England zähmte:

«Das Pferd ... sah derartig imposant aus, wie es da in der Arena stand und durch die zornig fliegende Mähne blickte, daß das Publikum sich auf die hinteren Sitze zurückzog und anfing, über den schnellsten Fluchtweg nachzudenken. An Rarey war kein Zittern zu bemerken; wir zitterten für ihn ... Aller Zorn, alles Gebrüll nützte ihm nichts; in wenigen Augenblicken war das Vorderbein aufgebunden, und der kühle Amerikaner begann mit den Händen in der Hüfte zu sprechen ...»

Rareys Botschaft an sein Publikum lautete, daß man Pferde zähmen konnte, wenn man mit ihrer Intelligenz, nicht gegen sie, arbeitete, denn Pferde waren intelligent, wie er behauptete, und fähig, Zuneigung zu empfinden und zu erwidern. Das war ein neuer Gedanke. Die Leute hielten damals – wie viele es noch heute tun – Pferde für absolut dumm.

Rarey erklärte seinem Publikum, daß jeder, der mit Pferden umging, dem Pferd ohne jedes Anzeichen von Furcht, Zorn oder Ungeduld zuerst beibringen müsse, daß der Mensch der naturgewollte Herr sei, und dann, daß dieser Herr sein Vertrauen verdiene. Hatte ein Pferd erst einmal Respekt wie Liebe gelernt, war es – laut Rarey – auch zwangsläufig gehorsam. «Zwangsläufig» deshalb, weil das Pferd folgende drei wichtige Charakterzüge besitze:

Erstens liege es nicht in der Natur des Pferdes, sich gestellten Forderungen zu entziehen – sofern es voll und ganz verstehe, was man verlange, und die Ausführung in seiner Macht liege.

Zweitens habe ein Pferd keine Vorstellung von seiner eigenen Kraft und könne deshalb ohne Anwendung von Gewalt behandelt werden – solange die Menschen intelligent genug seien, jeder Situation aus dem Weg zu gehen, in der ein Pferd Widerstand leisten und Sieger bleiben könne.

Drittens werde ein Pferd auch den schreckenerregendsten Gegenstand akzeptieren, solange er keine echten Schmerzen verursache und sofern man ihm erlaube, ihn zuvor gründlich zu untersuchen.

Rareys eigene kühle und geduldige Haltung im Ring muß seinem Rat, daß sich Gewaltanwendung gegenüber einem Pferd nicht auszahle, Gewicht verliehen haben:

«Solange Sie ruhig bleiben und die Erregung des Pferdes niederhalten, steht es zehn zu eins, daß es Ihnen gelingt, sich ihm verständlich zu machen, während bei brutaler Behandlung Ihre Chancen gleich Null wären ... Ein heftiges Wort regt ein nervöses Pferd derartig auf, daß sein Puls in der Minute zehnmal mehr schlägt.»

Die angeblichen Vorteile, die die Anwendung spezieller, damals sehr in Mode befindlicher Mittel bringen sollten, wurden von Rarey erbittert kritisiert:

«Man braut starkriechende Öle zusammen, um Pferde zu zähmen, aber sie sind, sofern es um den Geruch geht, samt und sonders völlig wirkungslos ... Was glauben Sie, wie lange ein Pferd dastehen und an einer Flasche Öl schnuppern müßte, um zu begreifen, was Sie von ihm wollen?»

Seiner Zuhörerschaft versprach er, daß er nichts als das «Öl der Erfahrung» verwende, und riet ihnen, jedes Rezept, das ihnen zum Zähmen von Pferden angeboten werde, an sich selbst auszuprobieren. «Und wenn Sie nicht besinnungslos umfallen, dann können Sie mir glauben, daß es auf das Pferd auch nicht mehr Wirkung hat.»

Seine Zuhörer waren verzückt. Rarey war die Sensation von London. Jeder wollte bei ihm Unterricht nehmen, obwohl die «Creme» der Gesellschaft es lieber gesehen hätte, wenn er nicht ganz so viel Wert darauf gelegt hätte zu lehren, wie man verhindert, daß junge Pferde bösartig werden. Sie wollten eine schöne Rauferei sehen, und je aufregender der Kampf, um so besser. Rarey «war noch keinem Pferd unterlegen», wie er selbst bemerkte, während er bequem auf dem Körper einer Stute saß, die er sich gerade in Rekordzeit gefügig gemacht hatte. Er gab jedoch zu, daß er manche Pferde – wie auch manche Leute – äußerst langweilig fand. Der Begriff «Rareyfication» wurde allgemeingebräuchlich, und die *Illustrated News* nannte ihn «einen Missionar der Kultur und der Gnade für allzu lange mißhandelte Pferde». In dem Artikel hieß es weiter:

«Der amerikanische Befreier fegt all die grausamen Traditionen des Einbrechens von Pferden, die Drohungen, Schläge und Fußtritte hinweg, mit denen bisher die Erziehung von Pferden betrieben wurde, und schreitet vorwärts zur Theorie der Freundlichkeit und des gegenseitigen Vertrauens.»

Punch schlug in die gleiche Kerbe mit der Frage, ob das Rareyfication-System wohl auch bei anderen Bestien Ergebnisse zeitigen würde. Die Bestien, die hier gemeint waren, waren «... diese schlimmsten aller Bestien, die Stallpfleger und Pferdeausbilder ... die, statt Pferde mit Freundlichkeit ihrem Willen zu unterwerfen, nur ihr Möglichstes tun, die Pferde zu ‹brechen› an Körper und Seele. Deren überlegene Intelligenz bleibt ihnen verschlossen, so daß sie keinen Weg sehen, ihre Zuneigung zu gewinnen, und sie nur handsam machen können, indem sie sie windelweich prügeln ...»

Zu weiteren spontanen Zeugnissen seiner Kunst gehörte der Rarey-Walzer, zu Rareys Ehren komponiert von einer dankbaren Schülerin namens Matilda Langen, und ein Gedicht von einem gewissen Hamilton McCarthy mit dem Titel «Rarey, König der Pferde»:

Von Wundern hört' ich viel,
doch keines gleicht dem Ruhm,
den Rarey sich erwarb,
als er bezähmt' solch wilde Roß'
wie Cruiser, unverbesserlich,
den bösen Stafford gar – sie alle
gaben seines Blickes Macht
sich hin – und liebten ihn dafür.

... und so weiter, siebenundzwanzig Strophen lang.

Zusätzlich zu dieser schmeichelhaften Verehrung platzte die Einschreibliste nun aus allen Nähten – mehr als elfhundert Namen standen darauf. Dazu kamen noch, als Rarey herumzureisen begann, Listen in Yorkshire, Liverpool, Manchester, Dublin und Paris, und mit den Privatstunden zu jeweils £ 25 hatte er bis Mitte des Jahres 1858 über £ 20000 verdient.

Das alles erbitterte andere Möchtegern-Roßbändiger über die Maßen. Zähneknirschend machten sich die Glücksritter daran, ihn entweder in Mißkredit zu bringen oder selbst mit irgendwelchen Geheimnissen in den Markt einzusteigen. Im Mai 1858 annoncierte ein gewisser Norman Macree, daß er für fünf Schillinge Rareys Geheimnis verkaufen würde. Ihm zufolge bestand Rareys Geheimnis darin, daß er den Pferden das Futter entzog und ihnen in die Nase blies.

Als die Anzahl der Leute, die behaupteten, es mit ihm aufnehmen zu können, Tag für Tag wuchs, wurde es Rarey klar, daß etwas geschehen mußte. Schließlich ermächtigte er seinen Londoner Reitstall, jedem eintausend Guineen zu zahlen, der ihnen beweisen konnte, daß er Rareys Methode zu lehren vermochte, ohne sie von ihm gelernt zu haben. Niemand genügte den Anforderungen, und das Geld blieb unberührt. Aber die überall veröffentlichte Herausforderung brachte ihm eine Menge merkwürdiger Zuschriften ein, besonders eine, die ein Mann, der ganz sicher war, Rareys Geheimnis zu kennen, in einem Kaffeehaus in Bristol geschrieben hatte:

«... und es besteht in nicht mehr und nicht weniger als in Vergrößerungsgläsern, die dem Tier über die Augen gestülpt werden, so daß es durch die augenscheinliche Größe aller Gegenstände sehr erschreckt wird. Ich habe das aus der Tatsache geschlossen, daß ich auf der Krim sehr oft gesehen habe, wie Pferde urplötzlich mit allen Zeichen des Schreckens anhielten, wenn sie eines Kamels ansichtig wurden ...»

Es gab aber auch ernsthaftere Ansätze, Rarey zu diskreditieren, und je mehr sein Ruhm sich verbreitete, desto lauter wurden seine Kritiker. Damals äußerte sich Rarey nicht dazu, aber später bemerkte er, er habe während seines Aufenthaltes in England «gegen heftige Vorurteile und Widerstände zu kämpfen» gehabt. Unter anderem wurde sein System «weibisch» genannt, wohl weil er so darauf bestand, Pferde mit einer Mischung aus gerechter Disziplin und Freundlichkeit zu behandeln, und weil er Damen zu den Vorführungen zuließ. Die Tatsache, daß einige seiner Schüler, weibliche sowohl wie männliche, sein System mit viel Erfolg anwenden lernten, führte einfach zu der Behauptung, die Methode sei nur etwas für «feine junge Damen und Herren mit Zylinder und weißer Weste». Seine Kritiker hatten noch immer nicht begriffen, daß der Erfolg von Rareys Methode weniger mit körperlicher Kraft zu tun hatte als mit dem Charakter und Temperament dessen, der mit dem Pferd umging. Rarey selbst war alles andere als der «athletische Riese», den manche Leute erwartet hatten. Er war eher drahtig und leichtfüßig als muskulös.

Von allen Herausforderern am ernstesten zu nehmen war ein gewisser James Telfer, seines Zeichens Pferdeausbilder in Northumberland. Vertreten wurde seine Sache von Fred Taylor, einem früheren Schüler von ihm und ehemaligen Kavalleristen, der später unter dem Pseudonym «Ballinsaloe» für die *Review* schrieb. Fred Taylor erklärte, Telfer sei ein «schwer arbeitender Bursche», der längst, bevor Rarey auf der Bühne erschienen sei, mit ganz ähnlichen Mitteln im stillen und mit Erfolg Pferde gezähmt habe. Im Gegensatz zu Rarey sei Telfer jedoch der «echte englische Ehrenmann», der noch nie «aus dem Rauch seines eigenen Kamins herausgekommen» sei. Und im Gegensatz zu Rarey seien seine Schüler auch keine «alten Jungfern». Taylor schrieb sogar ein Buch über seinen Lehrer *(Telfer's System of Horse-Taming)*, das beweisen sollte, daß Telfer durchaus seine Methoden auf der Grundlage einer ernsthaften Philosophie erarbeitet hatte. Aber wie geschickt der fünfzigjährige Northumberländer auch im Pferdezähmen gewesen sein mag, mit Rarey konnte er es nicht aufnehmen, als es darum ging, seine Methoden in der Öffentlichkeit zu demonstrieren. Im März 1858 gab Telfer in London eine Vorstellung vor einem Publikum von fünfzig Gentlemen, die ihm je eine Guinee bezahlt hatten, laut den *Illustrated London News*, doch die Vorstellung hatte «nur sehr teilweisen Erfolg.»

Eine Anschuldigung, die Fred Taylor gegen Rarey erhob, lautete, seine Behandlung bringe keinen Dauererfolg, und die Tiere fielen in ihre vorherige Bösartigkeit zurück, sobald sie wieder fern von ihm wären. Rarey äußerte sich wie immer nicht dazu. Um diesen Punkt zu seiner eigenen Befriedigung zu beweisen, ging Fred Taylor also in den Londoner Zoo und suchte ein Zebra auf, das Rarey zwei Monate zuvor gezähmt hatte. Das Zebra war in einer Kiste angeliefert worden, die laut *Household Words* «stark genug aussah, drei Löwen Widerstand zu leisten». In der Kiste hatte sich das Zebra mit Vorliebe mit den Zähnen an der Decke festgebissen und mit allen Vieren zugleich ausgeschlagen. Als Rarey es in den Ring brachte, drehte es den Kopf zur Seite und schlug in schneller Folge vier oder fünf Purzelbäume. «Derartig gekonnt», wie der Reporter berichtete, «daß es das einzige Tier sein soll, das Mr. Rarey in England herzlich zum Lachen gebracht hat.»
Fred Taylor fand das Zebra im Zoo in einer Art Gitterkäfig, der ungefähr zweieinhalb Meter im Quadrat maß. Durch das Gitter hindurch piekte der Wärter das Zebra andauernd mit einer eisenbewehrten Stange. «Das Tier aufzustören, schien ein Teil seiner Aufgabe zu sein», schrieb Fred Taylor später in seinen 1861 erschienenen *Erinnerungen eines Pferdehändlers (Recollections of a Horse Dealer)*, «und noch dazu einer, dem er mit größtem Eifer oblag, denn während der zehn Minuten, die ich dort verbrachte, ließ er das arme Geschöpf nicht einen Augenblick in Frieden.» Trotz allem schob das Zebra die Nase durch das Gitter, um sich von Fred Taylor streicheln zu lassen, und ließ keinen Zweifel daran, daß es die tröstliche Berührung genoß und sich nach der zivilisierteren Behandlung zurücksehnte, die es bei Rarey kennengelernt hatte.

3. *George Freeman in seinem Stall in Lingfield, Surrey. (Donald Cooper)*

4. *Harry Ranson mit Hercules, einem der Shire-Pferde der Brauerei Young im südlichen London. (Donald Cooper)*

Das überzeugte Fred Taylor so, daß er sich auf Rareys Seite schlug:
«Man hat die Behauptung aufgestellt, Mr. Rareys System tauge nichts, denn wenn ein bösartiges Pferd erst einmal gezähmt und fügsam gemacht sei, müsse es sich auch von seinem Besitzer oder dem nächstbesten Einfaltspinsel von Pfleger alles gefallen lassen, ohne aufzumucken. Ich dagegen frage Sie, was das System wert wäre, wenn das Pferd sich solch unverdienten Mißhandlungen ohne Widerstand fügen würde. Meine Antwort ist: Keinen roten Heller, denn es wäre der überzeugende Beweis, daß die Natur des Pferdes und sein Mut völlig gebrochen wären.»
Rareys Pferde waren aber alles andere als gebrochen an Körper und Seele, wie ein gewisser Mr. Cook, Leiter eines amerikanischen Zirkus, der 1858 in London eintraf, entdecken mußte. Cook fragte Rarey, ob er ihm Cruiser für eine Vorstellung ausleihen könne, und Rarey war einverstanden, vielleicht weil er einem Landsmann nichts abschlagen wollte. Cruiser war eine große Publikumsattraktion. Die Presse nannte Rareys eigene Vorstellungen und Vorträge im Scherz «Cruisers Soirées», und das einst so berüchtigte Tier wurde nun als rund, fröhlich und friedfertig beschrieben.
Die Zirkusvorstellung fing gut an. Cook zeigte dem Publikum den berühmten Maulkorb und das Halfter aus Cruisers Zeiten in Murrell's Green. Dann wurde der Star des Abends angekündigt, und Cruiser, geführt von einem Pfleger, marschierte ruhig in die Arena. Cook erklärte den Zuschauern, er werde nun dem Pferd ein Vorderbein hochbinden, um zu zeigen, daß er die berühmte Bestie ebenso leicht zähmen könne wie Rarey. Er nahm seinen Riemen und machte sich ans Werk, aber aus irgendeinem Grund schlugen seine

ersten drei Versuche fehl. Beim vierten Versuch wurde der Zirkusdirektor ungeduldig. Er gab Cruiser einen leichten Schlag mit der Peitsche, und das war das Ende der Vorstellung. Mit einem Wutschrei schüttelte Cruiser den Riemen ab, griff Cook mit gebleckten Zähnen an und jagte ihn aus der Arena. Damit war Cruiser allein – allein und wütend. Die fremde Umgebung, das grelle Licht der Gaslaternen, die Musik des Zirkusorchesters und das Geräusch der versammelten Menge wirkten zusammen, um die Erregung des Pferdes immer weiter zu steigern. Es sprang von einer Seite zur anderen und blickte so wild um sich, daß das Publikum, nur durch eine niedrige Balustrade von dem aufgeregten Pferd getrennt, schreiend und in Panik zu flüchten versuchte. Mütter warfen ihre Kinder vom Parterre in die höhergelegenen Logen, um sie in Sicherheit zu bringen. Sara Lowe Brown erzählt den Fortgang der Geschichte in ihrem Buch *Das Pferd Cruiser*:

«Bis dahin war Mr. Rarey, der selbst sehen wollte, wie Cruiser sich vor Publikum benehmen würde, ruhig sitzen geblieben und hatte zugeschaut. Auf dem Höhepunkt des Chaos aber verließ er seinen Sitz und ging hinunter in die Arena. Die Menge hielt inne und wartete, was geschehen würde. Mr. Rarey stand bewegungslos wie ein Standbild, hielt eine Hand hoch und rief ‹Cruiser! Cruiser!› Das Pferd sah unsicher auf die reglose Gestalt, erkannte aber bald die Stimme und kam langsam näher. Mr. Rarey wartete ruhig ab, und als er schon ganz nahe war, ging er zu ihm hin und streichelte ihm sanft das Gesicht ...»

Bei seinen eigenen Vorführungen ließ sich Rarey nie vom Publikum ablenken oder zur Ungeduld verführen. In Liverpool, umgeben von einer flüsternden, unruhigen Menge, hatte er einmal zwei Stunden gebraucht, bis er einem jungen, halbrohen Hengst ein Halfter angelegt hatte. Sehr oft versuchten die Leute mit Zurufen oder indem sie etwas fallen ließen, das Pferd nervös zu machen, aber Rarey verlor nie die Fassung.

Ein Ereignis allerdings machte ihm doch zu schaffen. Im Sommer 1858 erschien in London ein kleines Büchlein über das Zähmen von Pferden, das er einige Jahre zuvor, noch in Amerika, geschrieben hatte. Der Titel hieß *Die moderne Kunst, wilde Pferde zu zähmen (The Modern Art of Taming Wild Horses).* Es war nur ganz kurz und ursprünglich wohl dazu gedacht gewesen, seinen amerikanischen Schülern als Gedächtnisstütze zu dienen.

Das Erscheinen dieses Buches im Londoner Verlag Routledge and Co. führte zu einem Aufschrei der Empörung. «Erst prellt man Hunderte von großzügigen, aber getäuschten Schülern um zehn Pfund, und dann wirft man ein Sechs-Penny-Buch auf den Markt!» wütete *Sporting Magazine.* Rarey befand sich in Paris, als das Buch herauskam, und sofort nach seiner Ankunft in London schrieb er an *The Times*, daß das Büchlein ohne sein Wissen und ohne seine Zustimmung herausgebracht worden sei. Außerdem entband er seine Schüler «sofort und vollständig» aus ihrer Schweigepflicht, erklärte aber auch, das Buch enthalte nur «eine schwache und unvollständige Beschreibung» seines Systems.

Das fand auch sein Freund Henry Hall Dixon. Er schrieb:

«Die Behauptung, man könne die Kunst des Umgangs mit Pferden, wie sie jetzt von Mr. Rarey praktiziert wird, aus diesem Büchlein lernen, ist völlig absurd. Nur ein sehr erfahrener Pferdefachmann könnte – ohne die Gefahr, sich selbst oder das Tier zu verletzen

– mit einem Pferd etwas anfangen, wenn er als Anleitung nichts als Rareys kluge, originelle, aber sehr vage Kapitel zur Verfügung hätte.»

Trotzdem hatte die Geschichte beträchtlichen Schaden angerichtet, und der Drahtzieher im Hintergrund wurde nie öffentlich identifiziert. Kurz darauf verließ jedoch Rareys Partner Goodenough England und kehrte nach Kanada zurück. Goodenough war von der englischen Gesellschaft nie akzeptiert worden; er war den Leuten zu geschäftstüchtig und zu scharf aufs Geld, während Rarey mit seinen zurückhaltenden, kultivierten Manieren sich überall wohlfühlte, ob er nun mit William Gladstone, dem damaligen Finanzminister, auf die Jagd ritt oder sich im Garrick Club angeregt mit Charles Dickens und William Thackeray unterhielt.

Goodenough hatte sich außerdem, trotz seiner langen Verbindung mit Rarey, als wenig kompetent im Zähmen von Pferden erwiesen. Einmal hatte man für die Abendvorstellung ein besonders bösartiges junges Pferd gebracht. Rarey war krank an diesem Abend und schaffte es nur unter Aufbietung aller Kräfte, das Pferd zu beruhigen. Dann aber war er zu schwach, um selbst in den Sattel zu steigen. Hierauf, so Henry Hall Dixon, «versuchte der eingebildete Mr. Goodenough sein Glück und wurde von diesem Tiger in Pferdegestalt weiß und zitternd aus der Arena vertrieben ...» Als das Pferd am nächsten Tag schließlich ganz gezähmt wurde, nahm Goodenough dies trotzdem als sein alleiniges Verdienst in Anspruch. Ein solches Verhalten konnten Rareys Freunde weder vergessen noch vergeben, und so wurde seine Abreise allgemein mit Erleichterung quittiert.

Rarey feierte die Gelegenheit mit einem Abstecher nach Schweden. «Er liebt es, neue Orte aufzusuchen»,

kommentierte «Omnibus» im *Sporting Magazine*. Das stimmte. Von Schweden reiste Rarey weiter nach Lappland und beobachtete Rentiere. In Deutschland gab er eine Vorstellung bei Hofe, und es muß ein wahrhaft aufregendes Spektakel gewesen sein, denn einer der Zuschauer, der auch zu dem Abendessen zu Rareys Ehren geladen war, bemerkte dunkel, er hoffe doch sehr, Rarey sei «so höflich, lange zu leben».
Rarey wurde nach Rußland eingeladen und gab eine Privatvorstellung für den Zaren. Ein Bauer brachte das wildeste Pferd herbei, das man in der großen, weiten Steppe hatte finden können. Das Pferd kam auf den Hinterbeinen herein, machte wütende Ausfälle und biß und schlug um sich wie der Teufel. Rarey ging ruhig darauf zu, legte ihm die Hand auf den Hals und strich ihm sanft über die Ohren. Während er sich das Pferd gefügig machte, fragte der Zar den Bauern, was er bisher mit dem Tier habe machen können. Der Bauer antwortete, daß er es nie auch nur habe berühren können, und äußerte sich derartig verblüfft und entgeistert über das, was hier geschah, daß der Zar sich hauptsächlich über dessen Ausdrucksweise amüsierte.
1859 kam Rarey nach England zurück, aber schon Anfang 1860 war er wieder unterwegs, diesmal in den Nahen Osten. Er hatte schon immer sehen wollen, «wie die Araber mit ihren Stuten umgehen», denn seiner Meinung nach waren die Araber die einzigen, die etwas vom Pferdezähmen verstanden. Tatsächlich hatte der Unterschied zwischen der Gutmütigkeit eines edel gezogenen Arabers und der störrischen Feindseligkeit eines roh eingebrochenen Präriepferdes ihn dazu gebracht, sich sein eigenes einzigartiges «System» auszudenken. In der zweiten Februarwoche 1860 segelte Rarey also nilaufwärts nach Kairo. Er durchquerte die Wüste bis zum Roten Meer, segelte von

Alexandria nach Jaffa und ging nach Jerusalem. Er stand am Ufer des Toten Meeres; von da reiste er nach Beirut, Rhodos und schließlich nach Istanbul, wo er als Gast im Palast des Sultans eine Pfeife mit einem Mundstück aus Bernstein, besetzt mit Diamanten, rauchte.

Während Rarey unterwegs war, Araber mit ihren Pferden in der Wüste beobachtete und die Gastfreundschaft von Zaren, Prinzen und Sultanen genoß, erkletterte sein Ruhm in England neue Höhen. Dies war zum größten Teil den Bemühungen seines treuen Freundes Henry Hall Dixon zu verdanken. Dixon war es gewesen, der bei Rareys Ankunft in London positiv über sein System berichtet hatte, und er hatte auch die erste Einschreibliste für Rarey überwacht. Er war bekannt für seine Beiträge im *Quarterly Review* und schrieb unter dem Pseudonym «Der Druide» Artikel über landwirtschaftliche und sportliche Themen. 1858 machte sich dieser hart arbeitende, gewissenhafte Mann daran, den Schaden zu reparieren, den das unglückliche Erscheinen von Rareys amerikanischem Buch verursacht hatte: Er brachte eine neue Ausgabe heraus, der er selbst die Einleitung und eine Analyse des Rarey-Systems beifügte. Die mehr skizzenhaften Beschreibungen Rareys erweiterte er um eigene Berichte von dessen Vorträgen und Vorführungen. Vom Tag seines Erscheinens an wurde die Dixon-Ausgabe der «Standard-Rarey», und im Gegensatz zu den unzähligen Raubdrucken, die diesseits und jenseits des Atlantiks erschienen, wurde Dixons Ausgabe von Rareys Buch als wertvoller und dauernder Beitrag zur Reiterei anerkannt.

Aus einigen Passagen von Rareys Buch kann man den echten, schneidenden Witz des Autors heraushören, etwa im Kapitel «Wie man ein junges Pferd von der Koppel holt»:

«Geh ruhig hinter ihm her und treibe es in die gewünschte Richtung. Solange du nicht hinter ihm herrennst, rennt es auch nicht weg. ‹Eile mit Weile›. Laß die Arme unten, laß sie einfach herunterhängen ... denn das Pferd hat nie Anatomie studiert und muß notgedrungen glauben, daß sie demnächst aus den Gelenken und ihm hinterher fliegen ...
Streichle das Pferd, sobald es dich mit der Nase berührt ... immer mit ganz leichter, sanfter Hand ... und streiche immer mit dem Strich über das Fell ...»
Rareys Theorien beruhten auf gründlichen Studien des Pferdeverhaltens, und seine Beschreibung läßt vor dem Leser ein deutliches Bild entstehen:
«Jedem, der jemals ein Pferd aufmerksam beobachtet hat, muß aufgefallen sein, daß Pferde von Natur aus gern alles beschnuppern, was neu und furchterregend ist. Das ist ihre Art, etwas zu untersuchen. Und wenn ihnen etwas Angst macht, können sie es noch so scharf ansehen, sie scheinen ihren Augen allein nicht zu trauen und müssen es erst mit der Nase berühren, bevor sie ganz zufrieden sind. Danach ist alles gut. Machen Sie einen Versuch im Stall oder im Hof mit irgend etwas, von dem Sie wissen, daß es Angst davor hat – ein rotes Tuch oder etwas dergleichen. Halten Sie es hoch, so daß das Pferd es sehen kann; es wird den Kopf hochwerfen und schnauben. Werfen Sie den Gegenstand dann irgendwo mitten auf dem Hof hin und gehen Sie zur Seite. Beobachten Sie die Bewegungen des Pferdes und studieren Sie seine Natur. Wenn es Angst vor dem Gegenstand hat, wird es nicht ruhen, bis es ihn mit der Nase berührt hat. Erst wird es laut schnaubend um das Tuch herumwandern und die Kreise, wie von einem Magnet gezogen, allmählich immer enger ziehen. Ist es schließlich auf Reichweite heran, streckt es vorsichtig den Hals, soweit es ihm

irgend möglich ist, und berührt es nur gerade eben mit der Nase, als hätte es Angst, es könnte es anspringen. Erst nachdem es das Ding mehrfach berührt hat, scheint es eine Vorstellung von ihm zu haben (obwohl es dieses die ganze Zeit betrachtet hat). Jetzt hat es sich auch durch den Tastsinn davon überzeugt, daß es ihm nichts tun wird, und ist nun bereit, damit zu spielen. Wenn Sie das Pferd genau beobachten, sehen Sie, wie es das Ding mit den Zähnen packt, es aufhebt, daran herumzerrt, und nach wenigen Minuten werden Sie feststellen, daß seine Augen ihren wilden Blick verloren haben ... Ein Pferd, das vor irgend etwas Angst hat, ist erst dann ganz zufrieden, wenn es mit der Nase daranstoßen kann.

Es wäre logisch anzunehmen, daß ein Pferd alles Neue deshalb mit der Nase berührt, weil es daran riechen will. Ich glaube aber, daß es mehr mit der Nase fühlt als riecht und die Nase oder Schnauze so gebraucht wie wir unsere Hände, denn sie ist das einzige Organ, mit dem es derartig empfindsam fühlen oder tasten kann. Ich glaube, daß ein Pferd zu einer Untersuchung immer alle vier Sinne – Augen, Ohren, Geruchs- und Tastsinn – gebraucht, von denen der Tastsinn vielleicht der wichtigste ist. Sein Geruchssinn ist so gut entwikkelt, daß es nicht erst mit der Nase an etwas stoßen muß, um den Geruch zu erkennen; man sagt, ein Pferd könne einen Menschen auf eine Meile Entfernung riechen. Wir wissen aber aus Erfahrung, daß ein Pferd, das etwas aus kurzer Entfernung sieht oder riecht, sehr große Angst davor hat, bevor es den Gegenstand mit der Nase berührt und ‹befühlt› hat.»

Rareys letzter Aufenthalt 1860 in London glich mehr einem Staatsbesuch. Von allen Seiten wurde er mit Lob und Ehrungen überhäuft. Der Herausgeber des *Punch*, Mark Lemon, schrieb: «Ich bin stolz darauf, Sie zu kennen, und noch stolzer bin ich darauf, Sie meinen Freund zu nennen.» Colonel Thomas Seymour meinte: «Seit Rarey zurück ist, spielen die Menschen, nicht die Pferde verrückt. Wenn er einen Weg finden könnte, die Cruisers unter den Menschen zu erziehen, die Menschheit würde ihm einen Platz unter den Aposteln zuweisen.» Der englische Tierschutzverein verlieh Rarey eine Goldmedaille für einen kostenlosen Vortrag vor Droschken- und Omnibuskutschern. Auch über diese Gelegenheit berichtet Sara Lowe Brown in *Das Pferd Cruiser*:

«Bei den Verleihungsfeierlichkeiten sagte der Vorsitzende des Tierschutzvereins: ‹Die Medaille wird Ihnen verliehen für Ihre Verdienste um die Verbreitung Ihrer humanen Methode, Tiere zu zähmen und zu halten.› Ich sage ‹humane Methode›, Sir, denn es ist dieses eine Wort ‹human›, um das sich alles dreht. (Beifall)

Darauf antwortete Rarey: ‹Meine Damen und Herren – ich bin es nicht gewöhnt, ohne ein Pferd zur Seite vor Publikum zu erscheinen. (Beifall und Gelächter) Ich bin weit mehr ein Mann der Tat als der Worte. Alles, was ich sagen kann, ist, daß ich schon lange der Ansicht bin, daß Pferde bei der Ausbildung ganz unnötig mißhandelt werden, weil wir ihre Natur nicht verstehen ... Ich habe dieses edle Tier immer bewundert, und ich habe es immer bedauert, daß man ein Pferd nicht auch ohne die allgemein übliche Brutalität ausbilden kann ... Ich habe sie auf der Weide mit Kühen und Schafen grasen sehen – ich habe gesehen, daß sie keine Angst vor anderen Tieren haben, und ich habe mich gefragt, woher diese Furcht vor dem Menschen stammen mag – ich fand, zwischen dem Pferd und dem Menschen müsse Freundschaft möglich sein ...

Vor kurzem war ich in Arabien, wo die Pferde mit dem

Menschen aufwachsen, und ich hatte nicht die geringsten Schwierigkeiten, sie bei der Mähne zu greifen. Die Leute dort trinken Kamelmilch, und immer geben sie dem Pferd einen Teil davon ab – so daß sie voll guten Willens und in Freundschaft zusammen aufwachsen. Wenn alle Leute ihre Pferde hielten und verstünden wie sie, bräuchten wir keine Gesetze zur Bestrafung von Grausamkeiten gegen Pferde. Mein ständiges Bemühen war und wird immer sein, in jeder Vorführung der Welt zu zeigen und mit Demonstrationen zu beweisen, daß man mit Freundlichkeit bei der Ausbildung von Pferden mehr erreicht als mit allem anderen.› (Tosender Beifall)»

Rareys letzte Vorstellung in London war ein glanzvolles Ereignis und fand am 27. Oktober 1860 vor achttausend Menschen im Glaspalast statt. Kurz darauf segelte er von Liverpool ab und kam im November in New York an, noch rechtzeitig, um Weihnachten zu Hause in Groveport zu verbringen. Bei sich hatte er eine Vollblutstute namens Thetis, vier Shetlandponys und Cruiser. Er hatte den Anteil an Cruiser gekauft, der immer noch dem Gestüt Rawcliffe gehörte, und Lord Dorchester hatte ihm seine eigene Hälfte geschenkt. Cruiser und Rarey gehörten nun für immer zusammen. Im Januar 1861 kehrten sie nach New York zurück, dem Ausgangspunkt einer Vorführungsreise durch Amerika. Auch hier wurde er als Held gefeiert, und seine Vorstellungen waren ebenso erfolgreich wie die in England. Der amerikanische Bürgerkrieg war in vollem Gange, und im September 1862 gab Rarey eine Benefiz-Vorstellung zugunsten der Soldaten. Im *Ohio State Journal* war zu lesen, daß der Besitzer des Pferdes, das als Demonstrationsobjekt dienen sollte, in einem Brief seine Befürchtungen um Rareys Sicherheit zum Ausdruck gebracht hatte. Und als das gefährliche und bösartige Tier in die Arena kam, wurde es seinem üblen Ruf auch voll und ganz gerecht, indem es mit den Hinterbeinen «... nach dem Personal ausschlug ... Das Publikum war erregt und meinte ‹einen Hauch von Tragik› zu verspüren. Aber die Ruhe und Gelassenheit, mit der Rarey die Künste von Highland Fling verfolgte, zerstreute bald alle Bedenken bezüglich seiner Sicherheit. Sein vollständiger Erfolg bei diesem Tier wurde mit Riesenbeifall belohnt.»

Wenige Monate später besichtigte Rarey auf Einladung des Oberbefehlshabers der Streitkräfte, Major General Halleck, die Pferde und Maultiere der Armee am Potomac. In seinem Tagebuch hielt er fest: «Am Samstag, dem 14. Dezember 1862, am dritten Tag der Schlacht, stand ich oben am Steilhang des Rappahannock, diesseits von Fredericksburg, und beobachtete einige Zeit die Kämpfe. Zwei oder drei Granaten schlugen in meiner Nähe ein. Nachmittags konnte ich dank der Vermittlung von Professor Lowe allein im Ballon aufsteigen, um den Kampf weiterzuverfolgen. Eine Granate wurde gezielt auf mich abgefeuert, aber sie flog unter dem Ballon durch. Immerhin mußte ich meine Stellung verändern.»

Anstelle des Hauses, in dem er in Groveport geboren worden war, baute Rarey ein stattliches Haus, in dem er mit seiner Mutter lebte. Er hatte vor, ein Buch zu schreiben – ein richtiges Buch diesmal, in dem alle Aspekte des Umgangs mit Pferden, ihre Erziehung und Zähmung behandelt werden sollten. Wäre dieses Buch je vollendet worden, hätte es die Botschaft, die Rarey so lange und mit so viel Mühe zu übermitteln versuchte, vielleicht für immer im Gehirn der Menschen verankern können. Wie der *Boston Courier* bei Rareys erster Rückkehr geschrieben hatte, war er der einzige, der

«... all die isolierten Fakten ... die jeder der unzähligen Pferdeleute in der ganzen Welt für sich allein gesammelt hat ... gesiebt, analysiert, koordiniert und zu einer harmonischen, vollständigen und vernünftigen Methode zusammengefügt hat ...»

Aber mit Rareys Gesundheit ging es bergab. Die Jahre im Ausland und zu Hause hatten ihn angestrengt. Im Dezember 1865 erlitt er einen Schlaganfall, von dem er sich nicht mehr vollständig erholte. Das ganze Jahr 1866 verbrachte er ruhig in Groveport und hoffte, wieder zu Kräften zu kommen. Sicher bedrückte es ihn, daß er von den Tieren, die er so sehr geliebt hatte, getrennt war. Die Shetland-Ponys konnten ihn in seinem Krankenzimmer besuchen, aber in Gedanken war er wohl bei Cruiser, seinem Freund und langjährigen Gefährten. Er setzte ein Testament auf, in dem er Cruiser unter folgenden Bedingungen seinem Bruder Frederick hinterließ:

«Daß Cruiser niemals verkauft, irgendwie verwendet oder aus seinem Anwesen entfernt wird. Daß der Stall immer ordentlich und angenehm gehalten wird. Daß Cruiser, solange er lebt, immer ausreichend gutes Futter erhält, und alles, was er sonst zu seiner Bequemlichkeit braucht.»

Am 4. Oktober 1866 starb Rarey und wurde am 7. in Groveport begraben. Cruiser überlebte seinen Herrn um neun Jahre. Er starb im Alter von 23 Jahren, am 6. Juli 1875, auf Rareys Farm, seiner langjährigen Heimat. In den letzten zehn Jahren seines Lebens hatte Rarey Tausende von Meilen zurückgelegt und es nicht nur zu internationalem Ruhm gebracht, sondern auch den Respekt und die Zuneigung von Millionen Menschen gewonnen, die ihm dankbar dafür waren, daß er ihnen – zum erstenmal – gezeigt hatte, was aus einer Partnerschaft mit einem Pferd zu gewinnen war.

Immer und immer wieder hatte er in unzähligen Vorführungen bewiesen, daß es auf die geistige Herrschaft über das Pferd ankam, und daß diese nur zu erreichen war, wenn man sich damit befaßte, wie ein Pferdehirn arbeitete, und angemessene Disziplin durch Freundlichkeit milderte. Solange er lebte, stand Rareys Name in der ganzen Welt für eine neue, humane und durchdachte Haltung *dem* Tier gegenüber, das er «das edelste von allen» genannt hatte, dem Pferd. Nach seinem Tod trat eine Veränderung ein. Rarey wäre traurig, aber wahrscheinlich nicht überrascht gewesen, wenn er gewußt hätte, daß sein Name vor allem mit dem Werfen bösartiger Pferde in Verbindung gebracht wurde, und die Geschäfte mit «Cruiser-Gebissen», «Zebra-Fußfesseln», «Rarey-Riemen», «Rarey-Pferdezähmungs-Pulver» und «Zauberkräftigen Nasenkneifzangen» blühten und gediehen.

Ein amerikanischer Zureiter namens Dennis Magner studierte nach Rareys Tod lange Zeit dessen Techniken und war von Grund auf enttäuscht von dem, was er herausfand. Als er dabei auf Goodenough stieß, erzählte ihm Rareys alter Geschäftspartner – zweifellos immer noch erbost darüber, daß die lukrative Partnerschaft zerbrochen war – daß in Wirklichkeit er das Rarey-System erfunden, Cruiser, Stafford und das Zebra gezähmt und Rareys Buch geschrieben habe!

Aber auch wenn Rarey tot war, sein Ruf nicht unangefochten und seine Philosophie zum größten Teil vergessen, existierte die Praxis weiter, im Lande umherzureisen und Vorträge über die Technik des Pferdezähmens zu halten. Zugegebenermaßen nicht immer mit dem Gedanken, das Verständnis für die Psychologie des Pferdes zu fördern, sondern oft einzig und allein um des Verdienstes aus einem offensichtlich gewinnbringenden Geschäft willen.

Kapitel 4

«Professor» Sample und seine Pferdezähm-Maschine

Die Roßbändiger, die auf Rarey folgten, waren eine Mischung aus wirklichen Pferdeleuten und Scharlatanen, denen einzig der Wunsch gemeinsam war, der Welt kundzutun, daß sie, sie ganz allein, die endgültige Antwort für den Umgang mit Pferden gefunden hatten. Den krassesten Gegensatz zu dem schweigsamen, zurückhaltenden, praktischen Rarey bildete wahrscheinlich «Professor» Sample, ebenfalls ein Amerikaner, der 1885 in London eintraf. Die Geschichte ist des Erzählens wert, denn auf ihre Art ist sie klassisch. Sein Dünkel machte ihn zur lächerlichen Figur, aber sein selbstverschuldeter Sturz gehörte schon wieder in den Bereich der klassischen Tragödie.
Sample war vor allem ein Showman: Sein Hemd zierte ein riesiger Diamant-Knopf, er trug eine sündteure Uhr (ein Zeichen der Wertschätzung dankbarer Schüler, wie er sagte) und ließ in sämtlichen Londoner

Omnibussen attraktive Porträts von sich aufhängen, damit alle wußten, daß er da war. Sample war zuvor in Australien gewesen und hatte dort viel Erfolg gehabt, aber kaum hatte er im Langham Hotel Logis genommen, als er zu seinem Entsetzen feststellen mußte, daß einer seiner australischen Schüler, ein Mann namens Sydney Osborne, vor ihm in England angekommen war und unter dem Namen «Professor Galvayne» bereits eifrig im Land umherreiste und sein «Galvayne-System» verbreitete – mit anderen Worten alles, was er von Sample gelernt hatte. Galvayne wurde nach London gerufen, wohin er einige wilde Pferde mitbringen sollte, die Sample für seine erste öffentliche Vorstellung im Hengler's Circus brauchte. Galvayne tauchte auch auf, aber ohne wilde Pferde. Die Show war ein Reinfall. Keiner der Zuschauer wollte wissen, was Professor Sample gemacht hätte, wenn er wilde Pferde zu zähmen gehabt *hätte.* Das Abenteuer kostete ihn £ 1000.

Sample ließ sich zumindest nicht anmerken, daß dieser Mißerfolg ihn getroffen hatte. Als sich nach dem Fiasko im Hengler's Circus Captain Horace Hayes bei ihm vorstellte, ein Pferdebändiger, Tierarzt und Autor von Pferdebüchern, bekam er eine typische Reaktion von Sample zu hören: «Wenn mir jemand weiszumachen versucht, daß er etwas von Pferden versteht, frage ich ihn, wieviel Geld er mit seiner Kunst verdient, und wenn er, wie Sie, knapp bei Kasse ist, denke ich mir, daß sein Wissen in etwa seinem Bargeld entspricht.» Hayes war verblüfft, fühlte sich von Samples Originalität aber auch angezogen. Das einzige Problem war nur, daß Sample nicht einmal sich selbst gegenüber zugeben konnte, daß er von irgend jemand noch etwas über Pferde lernen könnte. Machte jemand auch nur eine Andeutung in dieser Richtung, bekam er einen

Wutanfall. Das machte eine Zusammenarbeit mit ihm äußerst schwierig. Ein weiterer ehemaliger Assistent von ihm, ein Druckerlehrling namens Franklin nahm sich ein Blatt aus Galvaynes Buch vor, kaufte sich ein Paar Stiefel und einen Sombrero, und über Nacht war Leon, «der berühmte mexikanische Roßbändiger» geboren. Sample hatte wirklich fürchterliches Pech mit seinen Schülern.

Captain Hayes ging mit seiner Frau für längere Zeit ins Ausland und sah Sample erst bei seiner Rückkehr wieder, fünf Jahre später. Wie sich herausstellte, hatte Sample inzwischen eine ganz neue Art gefunden, Pferde zu zähmen. Ursprünglich hatte seine Methode darin bestanden, eine Schnur zwischen Pferdehalfter und Pferdeschweif zu befestigen und das Pferd am ganzen Körper mit einer langen Stange zu streicheln, während das Pferd sich im Kreis drehte, bis ihm schwindlig wurde. In Australien, wo er sich einen Namen damit gemacht hatte, die bösartigsten und ungebärdigsten Tiere windelweich zu prügeln, hatte er damit großen Erfolg gehabt. Was Sample fehlte, war natürlich die Gabe Rareys, sowohl sein Publikum wie seine Pferde zu bezaubern.

Samples neue Idee war eine Maschine, die das Zähmen für ihn übernehmen sollte. Sie bestand aus einer Plattform, die sich entweder per Hand oder mit Hilfe von Dampf im Kreis drehen ließ. Darauf stand eine Pferdebox mit Schiebewänden. Seine Idee war, das Pferd in die Box zu stecken, diese zu verschließen, und dann die Plattform so lange kreisen zu lassen, bis dem Pferd restlos schwindlig war. «Diese Maschine», erklärte er Hayes voller Enthusiasmus, würde «alles bisher Dagewesene schlagen.»

Hayes ging in eine Vorstellung und sah sich diesen historischen Sprung ins technologische Zeitalter an.

Aber in seiner Begeisterung über seine neue Methode schien Sample all seinen Show-Instinkt verloren zu haben. Die Vorstellung bestand aus «nichts als Maschine und gar keinem Spaß», wie Hayes berichtete. «Wenn Sample nur nicht so rettungslos verliebt in seine Höllenmaschine gewesen wäre», kommentierte Hayes betrübt, «dann hätte er vielleicht ein paar Witze darüber gemacht, aber so blieb er immer ernst und feierlich, während das Publikum nur darauf wartete, zum Lachen gebracht zu werden.»

Die Show schloß mit einem Defizit von £ 3000 ab, und Sample saß samt seiner Maschine auf dem Trockenen. Hayes versuchte zu helfen. Er erklärte dem leitenden Armee-Tierarzt, Samples Maschine könne drei oder vier wilde Pferde, Broncos, in der Stunde zahm machen – nicht einreiten natürlich, aber doch so zahm, daß sie leichter auszubilden seien. Der Tierarzt, ein gewisser Dr. Fleming, stellte Sample ein schmeichelhaftes Zeugnis aus, aber das half ihm auch nicht, seine Schulden zu bezahlen.

Dann schlug Hayes vor, er könne Samples Maschine auf seine nächste Tour mitnehmen und selbst vorführen, aber Sample wollte nichts davon hören, daß er zu Hause bleiben sollte. Hartnäckig blieb er dabei, daß ohne ihn auch die Maschine nirgends hingehen würde. Bei der Erörterung organisatorischer Probleme der künftigen Show kam es zum Zusammenstoß zwischen Alice Hayes' stürmischem Temperament und Samples starrem Ego; es kam keine Übereinkunft zustande. «Sie nahmen wirklich kein Blatt vor den Mund», kommentierte Hayes erschöpft, «besonders wenn sie sich erst einmal in Hitze geredet hatten.» Es endete damit, daß der Captain und seine Frau allein von London abreisten und Sample und seine Maschine ihrem Schicksal überließen.

Bei seiner Rückkehr fand Hayes Sample abgemagert und niedergeschlagen vor. Kein Wunder: Seine geliebte Maschine war gepfändet worden. Hayes lud ihn zum Essen ein, um ihn ein wenig aufzuheitern, und während des Essens kam die Rede darauf, daß Leon (der berühmte mexikanische Roßbändiger) Sample zu einem Wettbewerb herausgefordert hatte, bei dem es um £ 50 ging. Sample hätte seine Maschine benutzen dürfen, konnte die Herausforderung aber nicht annehmen, weil er kein Geld hatte.

Und was das Schlimmste war: All seinen ehemaligen Schützlingen war genau der Erfolg vergönnt, der ihn zu meiden schien. Wie Leon, der beim Publikum wegen seines überschwenglichen, auf Show bedachten Stils beliebt war, ging es auch Galvayne immer besser. Er schrieb Bücher und «erfand» ein System, das Alter eines Pferdes von den Zähnen abzulesen, das ihn berühmt machen sollte (die sogenannte *Galvaynesche Furche,* die bei vielen Pferden mit etwa 10 Jahren am oberen Rand der Eckzähne erscheint und dann nach unten wächst). Dann war da noch Frank, ein australischer Zureiter, der mit Sample zusammen nach England gekommen und inzwischen ebenfalls nestflüchtig geworden war und sich selbständig gemacht hatte. Aus der ursprünglichen Mannschaft war ihm nur Joe treu geblieben, ein früherer Seemann, dessen auffallendster Wesenszug laut Hayes «ein unerschöpflicher Vorrat an Humor» war.

Kaum hatte Hayes Samples lange, traurige Geschichte gehört, als er ihm auch schon die £ 50 anbot, die er brauchte, um Leons Herausforderung annehmen zu können. Sample war davon so gerührt, daß «sich seine Augen mit Tränen füllten und er vor Schluchzen kaum sprechen» konnte. Sample war ein hervorragender Schauspieler. Diesmal gelang es ihm sogar, die sonst so klar denkende Alice mitzureißen. Sie brach ebenfalls in Tränen aus und bat ihren Mann, den Scheck sofort auszustellen. Nach dieser herzzerreißenden kleinen Szene ging Hayes im Büro von *Sporting Life* vorbei – der Zeitschrift, die den Wettbewerb veranstaltete – und zahlte die £ 50 ein.

Der Wettbewerb ging über mehrere Abende und fand im Imperial Theatre statt, wo Leon gerade eine Reihe von Vorstellungen gab. Der Schauplatz war nicht ohne Bedeutung. Am ersten Abend nahmen Captain Hayes und seine Frau schon früh ihre Plätze ein, um zu sehen, wie die Dinge sich entwickelten. Sie entwickelten sich gar nicht gut. Samples Maschine hatte irgendeinen technischen Defekt. Hayes riet Sample, die Maschine zu vergessen, aber Sample wollte nicht hören. Wann hätte er je auf jemanden gehört? Stattdessen sagte er, der Wettbewerb sei ihm gleichgültig wie nur etwas, er habe sich nur dazu bereitgefunden, um der Welt die wunderbare Wirkung seiner Erfindung der Pferdezähm-Maschine vorführen zu können.

Währenddessen fütterte Alice Hayes die «wilden Pferde», die in einer Garderobe auf ihren Auftritt warteten, mit Karotten. Auf dem Rückweg zu ihrem Mann sah sie zufällig, wie Sample mit jemand von *Sporting Life* zusammenstand und ein Stück Papier unterschrieb. «Eine Privatangelegenheit ohne jede Bedeutung», wie er ihr versicherte.

Sample mußte als erster auftreten. Seine Maschine wurde auf die Bühne gerollt und an eine kleine Dampfmaschine angeschlossen. Der Augenblick der Wahrheit war gekommen. Würde die Maschine endlich Samples Glauben an sie rechtfertigen? Sie tat es nicht. Sie tat es deshalb nicht, weil sie für einen Betrieb auf ebener Erde gebaut war, der Bühnenboden im Imperial Theatre aber beträchtlich zum Zuschauerraum hin abfiel.

Niemand hatte das bemerkt – niemand, vielleicht mit Ausnahme des berühmten Leon, der mit dem Theater vertraut war. Der aber, falls er sich des Problems überhaupt bewußt war, behielt es gut unter seinem Sombrero. Man gab die Dampfmaschine auf und rief nach dem treuen Joe, der die Plattform von Hand in kreisende Bewegung versetzen sollte. Es gelang ihm sogar, aber mit so gewaltiger Anstrengung und so schrecklich langsam, daß das Publikum sich in Lachkrämpfen wand. Abgang von Sample, der Maschine und Joe in Ungnade.

Auftitt von Leon mit einem Tusch: in einer Norfolk-Bluse, Fischerstiefeln und mit dem alten Sombrero, jeder Zoll der mexikanische Roßbändiger. Das Publikum war hingerissen, aber die Experten, die *Sporting Life* als Jury berufen hatte, waren nicht so beeindruckt, daß sie einen der beiden Bewerber zum Sieger erklärt hätten.

Als Sample am nächsten Abend wieder an der Reihe war, ging er mit ängstlichem, verlorenem Blick ganz nach vorn an die Bühnenrampe und hielt eine Ansprache an das Publikum. Wieviel an seiner Haltung gekünstelt war und wieviel echt, ist schwer zu raten. Auf jeden Fall war es eine Tatsache, daß er, da er immer so mit seiner Maschine beschäftigt gewesen war, schon sehr lange nicht mehr persönlich versucht hatte, mit einem Pferd fertig zu werden. Das Ehepaar Hayes jedenfalls hielt es kaum auf seinen Plätzen.

Sample strich sich das graue Haar aus der Stirn, hob eine zitternde Hand und begann zu sprechen: «Meine Damen und Herren, ich bin ein alter Mann, und dies ist ein sehr bösartiges Pferd. Zum Beweis dafür, wie hervorragend mein System wirkt, werde ich es jetzt freilassen und es nur mit Hilfe der Peitsche, die ich hier in der Hand halte, und ohne ihm wehzutun, so ruhig machen, daß es zu mir herkommt und sich streicheln läßt.» Schon stürmte ein riesiger Hengst auf die Bühne und ging geradewegs auf den alten Mann los, der ganz vorn an der Rampe stand. Mit einem Peitschenschnalzen wehrte Sample den Angriff ab, und in der nächsten Viertelstunde brachte er, ganz wie er versprochen hatte, das Pferd allmählich unter Kontrolle, bis es ruhig neben ihm stand und sich von ihm Hals und Kopf streicheln ließ. Die Zuschauer sprangen auf und jubelten ihm zu. Der alte Profi hatte endlich bewiesen, was er konnte. Trotz der Probleme, die er mit seiner Maschine hatte, entschied die Jury, daß Sample am Gewinnen war. Aber an diesem Abend seines größten Triumphes warf er alles wieder weg. Während eines Festessens mit dem Ehepaar Hayes bekannte Sample ungerührt, daß der Ausgang des Wettbewerbs vorher abgemacht gewesen war. Den Gedanken, irgend jemand habe glauben können, daß Leon ihn zu einem offenen Kampf herausfordern könne, fand er einfach zum Lachen und erklärte, daß schon vorher festgestanden habe, daß er sich das Preisgeld mit Leon teilen würde. Das Dokument, das Alice ihn hatte unterzeichnen sehen, war ein Abkommen gewesen, das *Sporting Life* von aller Verantwortung für die Sache befreite.

Das war zuviel für Captain Hayes, der ein Mann von Ehre war. Er zog öffentlich seine Unterstützung zurück, der Wettbewerb wurde für ungültig erklärt, und die noch ausstehenden Abende wurden abgesagt. In dieser Nacht hatte sich der Vorhang des Imperial Theatre zum letztenmal für Professor Sample gesenkt. Und doch hatte Sample ein eindrucksvolles Beispiel dafür gegeben, wie man ein Pferd zähmen konnte. Vielleicht ist der traurigste Teil der Geschichte der, was Sample *hätte* vollbringen können, wenn er nicht so auf seine Maschine fixiert gewesen wäre.

Trotzdem war Samples System nichts als eine sehr ferne Erinnerung an Rareys Arbeit. Die Narrenpossen von Leuten wie Sample und Leon trübten mit ihrem auf Show berechneten Exhibitionismus den Gedankenstrom, den Rarey mit soviel Mühe hatte zum Fließen bringen wollen, denn das Wohlergehen der in ihre Hände gegebenen Pferde war ihnen weit weniger wichtig als ihr eigenes Streben nach Ruhm und Glorie.

Kapitel 5

Pferdeexperten heute

Beweise für Rareys Einfluß sollte man nicht bei den professionellen Roßbändigern suchen. Sie mußten sich schließlich selbst einen Namen machen, versuchen, das Publikum zufriedenzustellen, ihm etwas «Neues» anzubieten, ihm Gelegenheit zum Lachen und zur Gänsehaut geben. Das ist Showbusineß.

Wie aber ging es bei den englischen Pferdeexperten weiter? Gegen Ende des 19. Jahrhunderts lagen neue Ideen in der Luft. Neue Methoden, mit alten Problemen fertig zu werden, wurden erörtert, gesiebt und ausprobiert. Rareys Philosophie, daß Pferde Liebe, Geduld, Freundlichkeit, gerechte Disziplin und Achtung brauchten, hatte – selbst wenn sie aus zweiter oder dritter Hand kam oder nur unvollständig verstanden wurde – bei den zugänglicheren Pferdeleuten, die ihre eigenen Gedanken in seinen Ideen wiederfanden, einen Funken der Erkenntnis entfacht.

Man kann heute nicht mehr sagen, wie lange es gedauert hätte, bis eine neue, aufgeklärtere Methode, mit Pferden umzugehen, Wurzeln gefaßt und sich überall durchgesetzt hätte – denn andere, historische Geschehnisse begannen, die Art der Beziehung zwischen Mensch und Pferd zu verändern. Ironischerweise war es der Anbruch des Maschinenzeitalters, der die wichtigste Veränderung in der Behandlung von Pferden mit sich brachte. Das Pferd hatte seine Rolle praktisch ausgespielt, denn alle Arbeit, die es so lange getan hatte, wurde allmählich von den Maschinen übernommen. Schließlich kam noch dazu, daß Pferde nur noch von solchen Leuten gehalten wurden, die Spaß daran hatten – nicht aus Notwendigkeit. Und so wurden die Pferde langsam, aber sicher aus den Händen der Brutalen, der Ignoranten und Gleichgültigen befreit.
Endlich hatten die Leute, die mit Pferden zu tun hatten, die Zeit, eine rücksichtsvollere Art des Umgangs mit ihren Tieren zu entwickeln. Reiter, Fahrer und Pferdeausbilder hatten die Gelegenheit, mit neuen Methoden herumzuexperimentieren und deren Auswirkung auf ihre Pferde auf «wissenschaftlichere» Art und Weise zu studieren. Aber wie schon Henry Hall Dixon in seinem Buch *Rarey über das Pferdezähmen (Rarey on Horse Taming)* schrieb: «Man kann gar nicht oft genug wiederholen, daß es auch auf den Menschen ankommt, nicht nur auf die Methode.»

Während meiner Gespräche mit Pferdebesitzern und -ausbildern im Verlaufe der Recherchen zu diesem Buch wurde mir immer klarer, wie wichtig die Persönlichkeit desjenigen war, der mit dem Pferd umging. Mir ging die Wahrheit in Henry Hall Dixons Worten auf. Allen erfolgreichen Pferdeleuten, die ich traf, war die gleiche ruhige, beständige, nüchterne Sicherheit eigen. Eine Sicherheit, die nichts mit Arroganz oder Selbsteinschätzung zu tun hatte, sondern einer Ruhe entsprang, die gleichermaßen unverkennbar wie unmöglich zu beschreiben ist. Erwartet hatte ich, daß die besten Pferdeleute ihren Erfolg einer speziellen Technik verdankten; stattdessen schien der entscheidende Faktor der Charakter des betreffenden Menschen zu sein. Vielleicht hätte mich diese Entdeckung nicht überraschen dürfen. Auch Rarey war, abgesehen von seinem soliden praktischen Wissen und der Show-Fassade, eine außergewöhnliche Persönlichkeit. Diese Tatsache schimmert durch alle Erzählungen seiner Taten durch. Und wenn ich noch weiter zurückdachte, vor Rareys Zeit, merkte ich, daß es ein immer wiederkehrendes Thema war, das ich nicht erkannt hatte. Wenn man zwischen den Zeilen liest, geht aus den Erzählungen über alte Pferdeleute, die angeblich das Geheimnis des «Zauberspruchs» kannten, immer hervor, daß diese Männer abgesehen von ihrem Talent im Umgang mit Pferden auch um ihrer selbst willen von ihren Zeitgenossen hochgeschätzt wurden. Alle hatten sie einen starken Charakter, waren Männer, deren Freundschaft Anlaß zu Stolz und Beruhigung war. Sie wußten, wann es besser war, den Mund zu halten, und waren genau die Art von Menschen, die man in kniffligen Situationen am liebsten in der Nähe hat.

Heutige Pferdeleute fänden die Vermutung, sie hätten irgendein Geheimnis im Ärmel – einen Trick oder einen Trank, der ihnen geheimnisvolle Macht über ihre Pferde verliehe – schlichtweg lächerlich. Aber wenn man zuhört, was sie über ihre Erfahrungen, ihre Gedanken und ihre Tiere zu sagen haben, wird man den Eindruck nicht los, daß einige von ihnen wissentlich oder unwissentlich durchaus über das verfügen, was man früher den «Zauberspruch», «Horseman's Word», genannt hätte.

Heute gibt es viele – Besitzer, Ausbilder, Reiter oder Fahrer – die eine Beziehung zu ihrem Pferd haben, diese wichtige Zutat, die so viel dazu beiträgt, jede einzelne Handlung zwischen Mensch und Pferd zu einem Erfolg zu machen. Von den vielen, mit denen ich sprach und die so großzügig ihre Gedanken und das Wissen, das sie durch eigene Erfahrung erworben hatten, mit mir teilten, spiegeln drei auf ihre jeweils verschiedene Art vielleicht am besten wider, wie Pferdeleute heute vorgehen.

George Freeman ist Besitzer eines Reitstalls in der Nähe von Lingfield in Surrey, wo Pferde eingeritten und bis zur Turnierreife gefördert werden. In seiner Lehrzeit arbeitete er bei Frank und Cynthia Haydon (einem Ehepaar, das lange Zeit die Zucht- und Fahrprüfungen für Hackneys beherrschte), und dort, in ihrem Stall in Yorkshire, traf George Freeman Robert Black, Cynthia Haydons Vater, den er für den hervorragendsten Pferdeexperten hält, dem er je begegnet ist. «Er wußte alles über Rarey und die, die nach ihm kamen», erzählte er mir. «Er war einfach Spitze.»

Robert Black wurde 1879 in Schottland geboren und war etwa 80 Jahre alt, als George Freeman ihn kennenlernte. Trotzdem konnte er es noch durchaus mit einem wilden, uneingerittenen Pferd aufnehmen. George erinnerte sich an einen typischen Fall:

«Ich kann mich noch erinnern, wie wir eines Nachmittags, als sonst niemand da war, ein Pferd aus Cornwall bekamen – sieben Jahre alt, noch völlig roh. Der alte Mann wackelte über den Hof zu der Box, in der das Pferd untergebracht war, und rief es zu sich. Als es neben ihm stand, strich ihm der alte Black mit der Gerte über die Hinterbeine und am Bauch entlang, und im Handumdrehen hatte er dieses Pferd voll und ganz in der Hand. Wenn er ein Pferd rief, dann kam es auch. Und wenn es das wildeste Tier war, das man je gesehen hatte – es klappte immer. Er hatte die Stimme, wissen Sie. Nicht rauh und barsch, aber fest – gerade richtig.»

Als Robert Black 1962 starb, stand in *Horse and Hound* zu lesen, daß die Welt es sich kaum leisten könne, einen solchen Mann zu verlieren:

«Robert Black war international als größte Autorität auf dem Gebiet der Ausbildung von Show-Hackneys anerkannt ... Am auffallendsten war sein erstaunlicher und untrüglicher Instinkt, der es ihm ermöglichte, ein Pferd nur anzusehen und zu wissen, was man tun mußte, um daraus einen Champion zu machen.»

Heute ist George Freeman selbst ein hervorragender Pferdefachmann. Er ist groß, hält sich sehr aufrecht und ist unendlich höflich. Seine Worte wägt er sorgfältig ab und ist wie die meisten Menschen auf dem Lande ein Meister der Untertreibung. (Seinen Dalmatinerhund ruft er «Spot», das heißt «Fleck».) Aber hinter seiner nüchternen Art verbirgt sich eine Sensibilität gegenüber den Tieren, die durch seine Hände gehen, die Rarey bestimmt erkannt und geschätzt hätte.

Wenn George Freeman ein rohes Pferd zur Ausbildung bekommt oder auch ein Pferd mit irgendeinem Problem, fängt er auf der Stelle mit der Ausbildung auf seine Art an, Schritt für Schritt.

«Ich nehme nicht allzu viel Notiz davon, wenn der Besitzer mir erzählt, er habe das und jenes gemacht. Sie erzählen einem doch nicht immer genau, was passiert ist oder was sie für Probleme gehabt haben.»

Also fängt George ganz von vorn an – er bindet das Pferd an, gewöhnt es ans Putzen und hebt ihm die Hufe auf. Dann lernt das Pferd sich führen zu lassen (von beiden Seiten), es wird aufgezäumt und schließ-

lich mit einem Gurt longiert. Die nächste Stufe ist das Gehen am langen Zügel. Während beider Stufen trägt das Pferd ein Halfter über der Trense, damit es, was auch passiert, nie einen Ruck ins Maul erhält:
«Jeder gute Ausbilder weiß, daß der wichtigste Teil des Pferdes sein Maul ist – im frühen Ausbildungsstadium darf man da so wenig wie möglich dran rühren. Schließlich will doch jeder ein Pferd mit einem angenehmen, weichen Maul.»
Während dieser Lektionen lernt das Pferd auch, auf Stimmhilfen zu reagieren:
«Das erste Wort, das ein Pferd lernt, ist ‹Hoooh›; hat es das verstanden, kommen all die anderen Kommandos, und wenn Sie es richtig machen, vergißt Ihr Pferd die Worte nie wieder. Die Pferde, die ich ausbilde, reagieren sofort auf die Stimme. Man braucht bei ihnen gar keine anderen Hilfen.»
Wenn George ein Pferd in der Halle longiert oder am langen Zügel gehen läßt, steht er in der Mitte und läßt es im Kreis um sich herumgehen, einmal rechts und einmal links herum. «Vergessen Sie nicht, dem Pferd in diesem Stadium das Rückwärtsrichten beizubringen», sagte George. «Es muß lernen, auf Kommando ungefähr drei Meter zurückzugehen.» Die ganze Zeit spricht George mit dem Pferd, macht ihm Mut und bringt ihm bei, was die verschiedenen Kommandos zu bedeuten haben. «Man steht nicht nur da in der Mitte rum und macht einen guten Eindruck, wissen Sie», meinte er dazu.
In der nächsten Stufe lernt das Pferd den Reiter kennen oder wird angeschirrt, je nachdem. Woher weiß George, wann ein Pferd soweit ist?
«Wenn ich sage, ein Pferd ist soweit, dann ist es soweit. Bis jetzt habe ich mich nie getäuscht. Wenn bei meinen Pferden der Reiter das erste Mal aufsitzt, fallen

sie vor Schreck nicht gleich um. Sie beobachten mich und hören auf meine Stimme, die Stimme des Ausbilders.»

Wenn man George nur anschaut und ihm zuhört, weiß man, daß er auf jedes Pferd vertrauenerweckend wirken muß. «Wenn wir jedes Pferd schon als Fohlen hätten, gäbe es überhaupt keine Schwierigkeiten», sagte George. «Aber die Leute machen Fehler bei ihren Tieren. Sie bekommen Schwierigkeiten, und dann müssen sie die Pferde an jemanden wie mich abgeben, der die Dinge wieder ins Lot bringt.»

Wie ein Problempferd aussieht, lernte ich in George Freemans Stall. Eine Erfahrung, die mir alles verdeutlichte, was ich über die Schwierigkeiten gelernt hatte, die die Menschen früher gehabt hatten und die Fehler, die sie gemacht hatten. Es ist leicht, sich überlegen zu fühlen, Mr. Lawrence mit seiner «ziemlich lauten und strengen Stimme» auszulachen und die unerfahrenen Pfleger wegen ihrer gedankenlosen Brutalität zu verdammen, aber wenn man einem wirklich nicht geheuer aussehenden Pferd Aug in Auge gegenübersteht, bekommen all die gelehrten Gedanken einen ziemlichen Schlag.

Als erstes sah ich eine Stute, die ein paar Tage zuvor in Georges Stall gekommen war. Sie hatte die Ohren flach zurückgelegt, streckte den Hals so weit wie irgend möglich über die Stalltür und bewegte ihn hin und her wie eine Schlange, die gleich zubeißen will. «Sieht richtig gemeingefährlich aus, nicht?» fragte George schmunzelnd.

In gebührender Entfernung zu der Stute fragte ich entsetzt, was denn mit ihr geschehen sei. Er erklärte mir:

«Eigentlich nichts Besonderes, aber bevor sie hierher kam, war sie ihr ganzes Leben in einer Box eingesperrt und langweilte sich zu Tode. Sie hatte nie eine Spur von Dr. Grün (Gras) zu sehen bekommen, und sie war sich einfach selbst nicht gut. Es ist unnatürlich für ein Pferd, allein zu sein. Sie brauchen alle Gesellschaft. Wenn man sie so in Einzelhaft hält, fangen sie an, sich selbst nicht mehr leiden zu können. Sie ist bald wieder in Ordnung.»

Ich betrachtete den hin- und herschwingenden, dreiekkigen Schädel und stellte mich mir in den Schuhen eines jungen Pflegers vor, der gerade den Auftrag bekommen hat, zu ihr hineinzugehen und dieses Pferd zu versorgen. Was würde ich tun, wenn meine Stellung davon abhinge? Ich würde mir irgend etwas Schweres greifen und so viel Krach wie möglich machen, beschloß ich.

«Sie schneidet nur Grimassen», erklärte mir George. «Sie tut nur so.» George war schon einige Male bei ihr in der Box gewesen und wußte also, daß sie völlig harmlos war. Aber jeden anderen hätte ihre Vorstellung davon überzeugt, daß sie gemeingefährlich war. Ihre Besitzer jedenfalls hatte sie überzeugt, und angesichts ihrer scheinbaren Hinterhältigkeit hatten sie sie zu George geschickt, damit er sie einritt.

Wie wollte George nun ihre Probleme angehen?

«Wir machen das Übliche, aber dabei geben wir ihr immer wieder Gelegenheit, sich umzusehen und sich an uns und die anderen Pferde im Stall zu gewöhnen. Es geht nur darum, sie ein bißchen aufzuheitern. Ein bißchen Blödeln, ihr die Dinge schmackhaft machen. Vor einer Weile hatten wir eine ganz ähnliche Stute, und sie wurde eines der nettesten, zufriedensten Pferde, das ich je gekannt habe. Eh' du dich versiehst, fangen die Ohren an zu spielen, und dann weißt du, daß sie anfängt sich zu interessieren, und schon wartet sie auf dich, wenn du über den Hof kommst. Die

Besitzer der Stute damals waren ganz begeistert, als sie sie abholen kamen. Sie guckte so richtig fröhlich. Dann nahmen sie sie mit, genau dahin, wo sie hergekommen war. Das ist das Schlimme daran – man überlegt sich immer, was wohl aus ihnen wird, wenn sie hier weggehen.»

Ich warf einen letzten Blick auf die Stute und dachte, wie seltsam es doch war, daß ein so weitverbreiteter Fehler solch schlimme Konsequenzen haben konnte. Dem Pferd war gar nichts Außergewöhnliches passiert. Es gibt viele Pferde, besonders wertvolle Zuchttiere, die ihr ganzes Leben allein in einer Box eingesperrt sind.

Der nächste Klient war ein Dreijähriger. Seine Besitzerin hatte ihn als Fohlen maßlos verwöhnt und verzogen, und als es dann ans Lernen ging, stellte sich heraus, daß er nie tat, was er sollte. Wollte sie ihn longieren, rannte er mit ihr auf und davon – «ging einfach geradeaus», sagte George –, und wenn sie ihn auftrenste, nahm er die Zunge übers Gebiß und rannte rückwärts.

Er war ein großer Brocken, wie er da in seiner Box stand und an seiner Nase entlang auf uns herunterschielte, mit einem Gesicht, als wolle er sagen: «Mir könnt ihr nichts vormachen, auch Menschen sind nicht unfehlbar.» Ein Pferd, das die Oberhand über seinen Besitzer gewonnen hat und aussieht, als ob es einen am liebsten in den Boden stampfen würde, ist ein ziemlich erschreckender Anblick. Aber auch hier, ein so häufiger Fehler. Keine böse Absicht. Eigentlich ganz im Gegenteil. George erklärte mir, wie er ihn behandelte: «Komisch ist, daß immer die verdorbenen Pferde auch am griesgrämigsten aussehen. Er hatte die Nase voll von Leuten, die mit ihm herumspielten. Man kann des Guten eben auch zuviel tun, oder nicht? Ich will nicht sagen, daß er seine Besitzerin nicht mochte, aber er respektierte sie nicht. Er wußte, daß er machen konnte, was er wollte. Wir hatten schon ein paar Meinungsverschiedenheiten. Wenn man beispielsweise mit dem Futtereimer zu ihm hineingeht, will er unbedingt die Nase hineinstecken, bevor man noch richtig durch die Tür ist. Er muß Manieren lernen. Er braucht ein bißchen Disziplin, das Geräusch einer Gerte, wenn er einem den Rücken zudreht, damit er sich wieder umdreht – diese Art Dinge. Man kann einem Pferd in der Box genausoviel beibringen wie außerhalb. Und dann, wenn er sich gut benimmt, klopft man ihm den Hals oder gibt ihm etwas Gutes aus der Jackentasche. Er wird es bald begreifen. Wir nehmen ihn in die Halle und lassen ihn tüchtig arbeiten, und er wird viel zufriedener sein mit sich selbst, dafür garantiere ich.»

Die Fehleinschätzungen eines Pferdes den Menschen gegenüber wieder geradezurücken, ist für George Freeman Teil seiner täglichen Arbeit, aber es ist eine Arbeit, die den Fachmann braucht. Zum Glück für dieses Pferd und seine Besitzerin hat George das Verständnis, die Erfahrung und die Zeit, wieder in Ordnung zu bringen, was schief gelaufen ist. Die Pfleger und Stalljungen früher hatten keinen dieser Vorteile, und so ist es kein Wunder, daß sie die Dinge oft schlimmer statt besser machten. Das Aussehen der Pferde, für die sie eigentlich sorgen sollten, schüchterte sie nur ein. Sie kannten die Vorgeschichte eines Pferdes nicht, oder wenn doch, wußten sie sie nicht in Beziehung zu setzen zu seinem heutigen Benehmen, und so hatten sie keine Ahnung, warum ein Pferd sich aggressiv verhalten sollte – es sei denn, es war ein geborener Verbrecher. Kein Wunder, daß sie ihre Froschknöchelchen umklammerten, um sich Mut zu

7. Gay Record, das Rennpferd im Besitz der Königinmutter, erholt sich in Jack O'Donoghues Rennstall in Gesellschaft eines Eselfohlens.

8. Don Carlos Ricardo und seine Araberstute Lady während ihrer Tour um die Britischen Inseln, hier 1960 in Irland. Unten: Don Carlos Ricardo.

machen, oder sich einen «Flüsterer» wünschten, der ihnen zu Hilfe käme.

Das dritte Pferd, das George mir zeigte, war schon ein halbes Jahr hier, aber es war auch ein ganz besonderer Fall. Normalerweise brauchte George einen Monat, um ein Problempferd wieder in Ordnung zu bringen. Dieses Pony war von Zigeunern gebracht worden.

«Was für ein kleiner Teufel», sagte George liebevoll. «Die Zigeuner wollten ihn einspannen, aber er schlug alles kurz und klein. Sie hätten ihn sehen sollen, als er hier ankam. Die Augen standen ihm aus dem Kopf wie Autoscheinwerfer. Er war nur diese Männer mit ihren schweren Stiefeln, den Stöcken und den lauten Stimmen gewöhnt und wußte überhaupt nichts mit sich anzufangen.»

George hatte den Zigeunern das Pony abgekauft und wollte es weiterverkaufen, sobald seine Ausbildung abgeschlossen war, aber nach einem so schlechten Anfang konnte das seine Zeit dauern. Bei meinem Besuch wirkte das Pony völlig ausgeglichen und mit sich selbst im reinen. Es guckte über die Stalltür und beobachtete George eifrig und interessiert, während er sprach. «Jetzt geht es ihm besser, aber am Anfang war es wirklich schwierig mit ihm. Wir behandelten ihn wie alle anderen, aber sobald er ein Geschirr sah, drehte er durch.»

Und was tat George dann?

«Na, ungefähr zwei Wochen, nachdem er herkam, spannten wir ihn das erste Mal an. Weißt du, ich wußte, daß es keinen Zweck hatte abzuwarten. Wenn wir ihn sechs Monate in Ruhe gelassen und es dann versucht hätten, hätte er immer noch durchgedreht, also dachte ich, wir könnten es ebensogut gleich durchstehen.»

Und was passierte dann?

«Er drehte durch. Wir hatten ihn auf einer kleinen Koppel und an einer Leine, so daß er nicht weglaufen konnte, aber als wir ihn an einen kleinen Wagen anschirrten, machte er Kleinholz daraus. Es endete mit einem Durcheinander von Wagenteilen, Geschirr und Pony mitten auf der Koppel. Aber auch hier hätte es keinen Zweck gehabt, ihn in den Stall zu stellen und es am nächsten Tag noch einmal zu versuchen. Es wäre genau das gleiche passiert. In so einem Fall muß man einfach davon überzeugt sein, recht zu haben. Er hatte sich derartig verwickelt, daß er hilflos am Boden lag. Ich stellte ihn also wieder auf die Füße und fing von vorn an. Ein paar Wochen später kutschierte ich ohne alle Probleme hier mit ihm durch die Gegend.»
Er lächelte.
«Na, einen kleinen Zwischenfall gab es doch. Einmal überholten wir einen Milchwagen, und das ging problemlos, aber gerade, als wir vorbei waren, fuhr der Wagen durch ein Schlagloch, und die ganzen Milchkannen schepperten. Das reichte. Weg war er. Und peng, peng, peng. Und wenn ein Pferd ausschlägt und den Krach hört, ist es, als ob es nicht wieder aufhören könnte. Als ob etwas Berauschendes daran wäre. Na, ich sagte, er solle sich abregen, und nach vielleicht zehn Metern hielt er tatsächlich an, obwohl er am ganzen Körper zitterte. Ich war sehr zufrieden mit ihm. Immerhin hatte er genug Vertrauen zu mir gehabt, auf mich zu hören, und das ist das Wichtigste. Es ist mit allen Pferden dasselbe – wenn sie nicht von Grund auf richtig ausgebildet sind, wissen sie nicht, was sie überhaupt sollen. Sie tun etwas und wissen nicht, ob es richtig oder falsch ist. Sie fühlen sich verwirrt und verloren. Manche gehen trotzdem ein halbes Jahr, ein Jahr oder noch länger ganz gut, aber eines Tages wird die Grundausbildung auf die Probe

gestellt, denn irgendwann kommt etwas, was das Pferd wirklich erschreckt, und dann muß man ihm sagen, daß es in Ordnung geht, und das Pferd *muß* es glauben, auch wenn es noch so Angst hat. Und es wird es nur dann glauben, wenn es hundertprozentiges Vertrauen zu einem hat.»

Georges Erfahrung bei Fahrwettbewerben unterstreicht seine Philosophie. Als er noch bei Frank und Cynthia Haydon war, fuhr er die Nachwuchshoffnungen unter den Hackney-Ponys, und ab und zu, wie George erklärte, «ging eines urplötzlich super und war der Star der Show». Eine Gelegenheit ist ihm besonders in Erinnerung geblieben, und zwar als er eines der Haydon-Ponys, Mardon Little Swell mit Namen, auf der «Royal International Horse Show» fuhr. Mardon Little Swell konnte mitunter ziemlich aus der Rolle fallen, aber an diesem Abend ging er hervorragend und wurde Sieger. George erklärte:

«Wenn man einfährt in den Show-Ring, im Wembley Pool zum Beispiel, mit den ganzen grellen Scheinwerfern, die dem Pferd in die Augen stechen, die Ohren spielen nur so, und die Adern stehen ihm raus – und trotzdem muß es auf deine Hände reagieren und auf deine Stimme hören. Es muß sich produzieren, wenn es hereinkommt – super aussehen und super gehen. Das ist dann Können. Ich kann Leute nicht leiden, die ihren Pferden mit irgendwelchen Hilfszügeln den Hals nach oben oder nach unten ziehen. Wenn man nicht die Hand hat, ein Pferd auch ohne all das zu reiten oder zu fahren, kann man ebensogut gleich aufgeben.»

George Freeman ist das vollendete Beispiel eines Pferdemannes der alten Schule – ein Mann, bei dem durch die nüchterne Art der Stolz auf seine Arbeit und die Liebe zu seinen Tieren durchschimmern.

Auch Harry Ranson weiß einiges darüber, wie man im

Show-Ring Erster wird. Harry ist oberster Stallmeister bei der Brauerei Young und wird von seinen Arbeitgebern mit größter Bestimmtheit zu den besten Pferdeleuten des Landes gezählt. Youngs Brauereigespanne mit Harry Ranson auf dem Bock waren immer wieder in den Siegerlisten zu finden. In den 50er Jahren konnte Harry eine außergewöhnliche Serie verbuchen: In sieben aufeinanderfolgenden Jahren gewann er jede Prüfung, an der er teilnahm. Diese Brauereigespanne sind auch aus der Windsor Pferdeschau nicht wegzudenken, und die Königin hat Harry Ranson für seine Arbeit mit Pferden die «British Empire Medal» verliehen.

Mitten in der Anonymität und dem Verkehrslärm der Wandsworth High Street im südlichen London umschließen die Mauern von Youngs Brauerei ein kleines Stück englischen Landlebens. Pfauen und Perlhühner picken im hohen Gras, in einem Teich schwimmen Enten und Gänse, und über allem wacht das Maskottchen der Brauerei, ein Schafbock namens Ramrod III. Gleich neben dem Teich liegt der Außenplatz, auf dem die Pferde trainiert werden. Sie ziehen die Egge und zeichnen wunderschöne, saubere Kreise in den Sand.

In der weißgekalkten Geschirrkammer hängen all die gepflegten Geschirre der Kaltblüter in tadelloser Ordnung, zusammen mit einigen gewonnenen Trophäen und einer faszinierenden Auswahl von Fotografien von den großen Ereignissen, an denen sie teilgenommen haben. Von der Geschirrkammer aus geht es in die Ställe, wo die Pferde stehen, über zwanzig, alles schwarze Shires mit vier weißen Füßen, darunter auch einer der größten Shires der Welt – ein Riese von über 1,90 Meter Stockmaß.

Harry Ranson führte mich kurz an all diesen Wundern vorbei und nach oben in sein Büro auf dem Heuboden.

Überall roch es süß nach Heu. Er setzte sich hinter seinen Schreibtisch und sah mich erwartungsvoll an. Harry ist ein gradliniger, nüchterner Mensch, der keine Zeit zu vergeuden hat; nur Sheba, seine treue Colliehündin, straft das Image des harten Mannes Lügen.

Harrys Vater und Großvater hatten schon mit Pferden zu tun, und mit sechzehn beschloß auch Harry, mit Pferden zu arbeiten. Also schickte man ihn nach Leicester auf ein Shire-Gestüt. «Ich hatte immer schon eine Vorliebe für schwere Pferde», sagte Harry. «Ich finde, ein Kaltblüter sieht aus wie ein Gemälde.»

Die Geschichten, die mir Harry Ranson von seinen ersten Erfahrungen erzählte, geben eine sehr gute Vorstellung davon, wie ein junger Pferdemann sein Fach lernte. Damals, noch vor dem Zweiten Weltkrieg, war es Brauch, daß die Zuchthengste des Gestüts im Land herumreisten und die Stuten aufsuchten. Dreizehn oder vierzehn Wochen im Jahr waren sie bei Wind und Wetter unterwegs, Hengst und Hengstwärter zusammen auf der Landstraße.

«Wir schmierten den Pferden ein paar Pfund Farmbutter oder Schmalz über die Nieren, damit der Regen nicht so eindrang. Es war unsere Aufgabe, den Hengst immer fit und einsatzbereit zu halten.»

Am Montag morgen wanderte der Hengstwärter mit seinem Schützling los, und Samstag abend um sechs Uhr war er wieder zurück. Dann hatte er an die 180 Kilometer hinter sich gebracht. Konnte er sich nicht manchmal vom Pferd tragen lassen?

«Nie. Das war ein Hengst, was wir da führten, und wir hatten ihn zu respektieren. Wir marschierten tüchtig und erwarteten vom Pferd, daß es dasselbe tat.»

So wanderten Mann und Pferd die ganze Woche, über

drei Monate lang jede Woche, zusammen herum, und in dieser Zeit deckte der Hengst um die 160 Stuten. Zu Beginn seiner Ausbildung führte Harry Ranson seinen Zuchthengst zu den benachbarten Farmen, und der eigentliche Wärter folgte auf dem Fahrrad und paßte auf, daß er auch alles richtig machte. Harry lernte, seinen Hengst frühmorgens allein aus der Box zu holen:

«Ein paar Meter vor der Boxentür fing ich an zu reden, damit er meine Stimme erkannte. Wenn ich nur so die Tür aufgerissen hätte, wäre ihm das vielleicht ein bißchen plötzlich gekommen.»

Und wenn er nach oben griff und sein Pferd packte, hatte er eine spezielle, selbst zubereitete Salbe an den Fingerspitzen, eine Mischung aus Anis und Melasse.

So etwas wie die geheimen Tinkturen der alten Pferdeleute?

«Reden Sie keinen Unsinn. Er sollte bloß riechen, daß ich es war. Es war dunkel in diesen Boxen.»

Harry stand auf und wühlte in einem Schrank herum. Dann kam er mit einem kleinen Krug mit eingetrockneten Salbenresten zurück und zeigte ihn mir. Sie rochen immer noch nach Anis. Warum gerade Anis und Melasse?

«Weil Pferde diesen Geruch mögen», sagte Harry und trug den Krug zurück.

Nachdem er die Nachbarfarmen eine Weile mit Erfolg absolviert hatte, wurde er für «flügge» erklärt und durfte mit einem eigenen Hengst auf Tour gehen. Zur Feier des Ereignisses kaufte er sich eine karierte Reithose und ein kariertes Jackett, alles für neun Shilling. «Ich fand mich hochherrschaftlich in meinem Aufputz, das kann ich Ihnen sagen.» Er ging also los mit seinem Hengst, der Frithville Caesar hieß, und kam auch gut auf der ersten Farm seiner Tour an, wo Frithville

Caesar eine Stute decken sollte. Er band seinen Hengst in einer Box an und ging hinaus auf den Hof. Lassen wir ihn mit seinen eigenen Worten weitererzählen:
«‹Also, junger Mann›, sagte der Farmer zu mir, ‹meine Stute ist rossig.›
‹Fein, Meister›, sagte ich. ‹Ich bring' ihn raus.›
Ich holte den Hengst heraus, und der Farmer brachte die Stute zum Deckstand, und ich habe den Hengst an der einen Hand und die Stute an der anderen, und der Hengst will einfach nichts von ihr wissen. Rümpft einfach die Nase. Die Stute roßt wie verrückt, und der Hengst guckt einfach nicht hin, und da stehe ich in meiner neuen Jacke und meiner neuen Hose und weiß nicht, was ich verdammt nochmal tun soll.
Also stelle ich den Hengst zurück in seine Box und mache einen Spaziergang. Gerade um die Ecke war eine kleine Witschaft, und ich gehe rein. Da sitzt ein alter Mann und stützt das Kinn auf seinen Wanderstock. ‹Na, Freund›, sagt er, als ich hereinkomme, ‹du sitzt ganz schön in der Tinte, wie?› Er hatte gesehen, was passiert war, weil er aus dem Fenster genau in den Farmhof sehen konnte. ‹Setz dich her›, sagt er zu mir. ‹Ich bin früher auch mit Hengsten herumgezogen.› Ich setze mich hin und gebe ihm ein Bier aus. Soviel Verstand hatte ich gerade noch, daß ich wußte, dieser Mann weiß eine Menge mehr als ich.
‹Dein Hengst mag keine Mutterstuten›, erklärte er mir. (Die Stute hatte ein Fohlen gehabt, und der Hengst konnte die Milch riechen, wissen Sie.) ‹Du mußt folgendes machen: Hinten auf der Koppel sind ein paar zwei- und dreijährige Stuten. Nimm zwei Säcke mit, geh hin und warte, bis sie Wasser lassen.
Dann versuchst du, ob du ihnen die Säcke unterschieben kannst. Die Säcke müssen richtig naß sein; am besten trittst du den Urin richtig rein. Dann nimmst du

die zwei Säcke und legst der Stute einen über den Widerrist und einen über die Kruppe. Hol deinen Hengst und laß ihn die Säcke beriechen, und er wird denken, er deckt eine Maidenstute.›
Ich tat genau, was der alte Mann gesagt hatte, und der Hengst deckte die Stute, wie es sich gehörte. Das hat mir gezeigt, daß zu einem guten Pferdemann mehr gehört als eine fesche Reithose, und ich habe es nie vergessen.»
(Was die alten Pferdeleute wohl aus diesem «Gewußt-Wie» gemacht hätten? – Nicht zu knapp mit Brimborium verziert, nehme ich an.)
Heute trägt Harry Ranson einen einfachen braunen Overall. Er ist verantwortlich für sämtliche Pferde der Brauerei Young und für das Stallpersonal. Er ist der Boß. Ob man «Pferdeverstand» lernen könne, fragte ich ihn. Er dachte darüber nach.
«Sie können den Leuten beibringen, was sie zu tun haben», meinte er schließlich. «Aber wenn sie dieses Gefühl für Pferde nicht in sich drin haben, nützt alles nichts.»
In den Priory Rennställen in Reigate (Surrey) hat JACK O'DONOGHUE das Sagen. Mitten in der wohlgeordneten Ruhe eines erfolgreichen Rennstalles schauen die Pferde unter Jack O'Donoghues Obhut doch auf eine bunte und geschäftige Welt. Katzen schlafen auf den Mauern neben den Blumenbeeten, Esel grasen auf der Weide, in einer Voliere voller Kanarienvögel und Goldfasanen herrscht reges Leben, und Bantam-Hennen mit Federbüscheln an den Beinen picken im Gras oder flattern auf und lassen sich auf den Stalltüren nieder. Jack O'Donoghue ist im irischen County Cork geboren und spricht mit dem weichen, melodiösen Zungenschlag dieser Gegend. So ruhig, höflich und absolut entwaffnend er ist, blitzt in seinen klaren

blauen Augen doch eine Spur von Amüsement auf, wenn Leute kommen und ihm dumme Fragen über sein unbestreitbares Talent im Umgang mit Problempferden stellen.

Jack kam 1929 nach England herüber und trainierte die Grand National-Siegerin von 1951, Nickel Coin. «Sie war eine wunderbare kleine Stute. Wir kauften sie während des Krieges für 50 Guineen als Jährling in Newmarket und behielten sie. Bevor sie ihr erstes Rennen lief, war sie sieben – ihre Beine waren nicht die besten, wissen Sie.»

Ein paar Jahre später bekam Jack ein Pferd namens Trapeze II, das in Epsom trainiert wurde, sich aber so schlecht verladen ließ, daß es nur in Rennen im nahegelegenen Hurst Park und in Sandown laufen konnte. Als Jack es abholte, fand er es beidseitig mit Ketten angebunden in einer Box, aus der es nicht heraussehen konnte. Er erzählt:

«Ich finde das falsch, ein Pferd so zu halten, daß es nichts sieht. Und die Typen, die sich um ihn kümmern sollten – na, bei dem Ruf, den er hatte, hatten sie ein bißchen Angst bekommen und trauten sich nicht mehr so recht in den Sattel.»

So ritt ihn Jack zu sich nach Hause und stellte ihn zusammen mit einem der Esel auf eine Koppel:

«Nach einer Weile merkte man, daß es ihm besser ging. Er hatte sich eingewöhnt. Aber das Problem war ja, ihn in einen Transporter zu kriegen. Rein ging er sogar, aber wenn man die Tür zumachte, spielte er verrückt. Monatelang führten wir ihn in den Transporter hinein, ließen alle Türen offen, fütterten ihn und ließen ihn darin stehen, machten aber nie die Tür zu. Dann nahmen wir uns ein Herz und bewegten den Transporter ein bißchen, jedesmal nicht mehr als ein paar Meter – immer noch mit offener Tür. Und dann nahmen wir uns nochmals ein Herz und machten die Tür zu – klar, daß wir bereitstanden, um die Rampe wie der Blitz wieder herunterzulassen, aber er machte überhaupt nichts. Wir fuhren ein Stückchen die Straße entlang, immer bereit, sofort die Tür herunterzulassen, falls er sich aufregte, aber er regte sich nicht auf. Danach fuhren wir überall mit ihm hin, und er schlug nicht einmal an die Wand.»

Nach seinem Erfolg mit Trapeze bekam Jack O'Donoghue einen Anruf aus Sandringham: ob er sich wohl um Gay Record, ein Pferd der Königinmutter, kümmern könne. Jack traute seinen Ohren nicht, aber die Königinmutter hatte von Trapeze gelesen, und Gay Record ließ sich ebenfalls nicht verladen. «Er regte sich im Transporter derartig auf, daß der Dampf aus allen Ritzen quoll», erinnerte sich Jack. «Er drehte durch – der Schweiß lief ihm nur so herunter.»

Die Königinmutter erklärte, er könne sich ruhig Zeit mit dem Pferd lassen und zusehen, ob er etwas erreichen könne. Gay Record ist heute noch das Pferd, von dem Jack am liebevollsten spricht:

«Er war ein schrecklich nervöser Typ. Wenn man ihn gelassen hätte, wäre er bis zum Zusammenbruch gelaufen. Immer hatte er es schrecklich eilig. Es ging also darum, ihn zu einem ruhigen Schritt zu kriegen. Man konnte ihn nicht mit anderen Pferden hinausschicken, weil sie nicht mit ihm mitkamen. Wir fingen an, ihn auf Jagden zu reiten, denn Jagden sind für jedes Pferd das Höchste. Man kommt hin, und die Leute quatschen miteinander und gehen ein bißchen herum, und kein Mensch hat es eilig oder so. Da sind vielleicht sechzig oder siebzig Pferde auf einem Fleck beisammen, und alle stehen bloß herum, und vermutlich dachte er: ‹Eigentlich könnte ich auch so ruhig dastehen wie die.› Wir ritten ihn zwei Stunden hin zum

Stelldichein, ritten dann zwei Stunden die Jagd mit und schließlich zwei Stunden wieder nach Hause. Das schaffte sogar ihn. Nach vier oder fünf Wochen Jagden hörte er auf, im Schritt so zu eilen, und ging vernünftig.»

Die Königinmutter war an Gay Records Fortschritten besonders interessiert und besuchte ihn mehrmals in den Ställen in Reigate, manchmal mit anderen Mitgliedern der königlichen Familie, immer aber mit so wenig Aufheben wie möglich. Jack O'Donoghue hat den größten Respekt vor dem Fachwissen der Königinmutter in bezug auf Pferde. Es war ihr Vorschlag, Gay Record einige Male zu Rennen mitzunehmen, nachdem er angefangen hatte sich zu beruhigen – nicht um teilzunehmen, sondern um sich umzusehen, die Ställe kennenzulernen, die Zuschauer zu sehen und sich an die Atmosphäre zu gewöhnen. Es funktionierte. Gay Record verlor seine Angst vor Rennbahnen, und als er erst einmal davon überzeugt war, daß ihm nichts Schlimmes bevorstand, ließ er sich auch einwandfrei verladen. Er lief wieder in Rennen und hatte die Ehre, unter anderen Siegen den hundertsten Sieg in Jagdrennen für den Stall der Königinmutter zu erringen. Während dieses Rennens war Jack so nervös, daß er kaum hinsehen konnte. Die Königinmutter war zu dieser Zeit in Schottland, aber als sie von dem Sieg erfuhr, schickte sie ihm ein Telegramm: «Freue mich so, daß gerade Gay Record das Hundert vollmachte, und herzlichen Glückwunsch dem Trainer.»

Pferde speziell zu dem Zweck zu trainieren, daß sie Rennen gewinnen, müßte die dafür Verantwortlichen irgendwie hart und unnachgiebig machen, sollte man meinen. Diesen Eindruck macht Jack O'Donoghue aber überhaupt nicht mit seiner unbeschwerten, unverkrampften Art. Wie also geht er mit Problempferden um?

Jack schaute sich in seinem gemütlichen, mit Fotografien der Königlichen Familie bestückten Arbeitszimmer um, als suchte er nach einer Inspiration. «Ich probiere so ein bißchen herum, wissen Sie», sagte er vage.

Nein, ich wußte es nicht. Was tat er nun wirklich, wenn ein schwieriges junges Pferd zu ihm kam?

«Man muß vom Zusehen merken, woran man mit einem Pferd ist. Man lernt, was es für ein Typ ist und solche Sachen. Ganz am Anfang kann man mit einem Pferd nicht viel machen. Es ist, wie wenn jemand eine neue Stelle antritt: Man läßt ihn sich umschauen und sich ein Bild machen. Ich finde, das ist der beste Weg. Und währenddessen schaut man sich den Betreffenden gut an, und der schaut sich dich gut an. Ein neues Pferd stecken wir in die Reithalle und lassen es herumspielen. Manche toben herum und buckeln und regen sich schrecklich auf. Wir nehmen überhaupt keine Notiz davon, lassen sie einfach sich ausbuckeln und -toben, und dann werden sie ganz schnell friedlich. Es bringt überhaupt nichts, sie hart anzufassen. Ich stehe einfach da und sehe ihnen zu, und wenn sie merken, daß ihnen niemand etwas tut, hören sie sehr bald auf. Was ich mit nervösen Pferden auch noch mache: Ich stecke sie mit Schweinen zusammen.»

Ich sagte, ich hätte gedacht, Pferde hätten Angst vor Schweinen:

«Ja, das stimmt auch. Es gibt Pferde, die anfangs Angst vor Schweinen haben, weil sie nie welche zu sehen bekommen haben. Sie hören die Geräusche, die Schweine machen, und wissen nicht, was es ist. Deshalb bekommen sie Angst. Schweine sind anderen Tieren gegenüber sehr freundlich. Sie gehen hin und beschnuppern sie und so. Die ersten paar Tage muß man aufpassen, weil es einem Schwein einfallen könnte, sich an einem Pferdebein zu scheuern, und es einen Schlag abbekommen könnte. Aber wenn sie sich erst mal kennen, gibt es überhaupt keine Schwierigkeiten mehr. Die Pferde mögen die Schweine, wirklich wahr! Sie scheinen beruhigend zu wirken. Ein Pferd haben wir gerade da – nicht auf eine Meile war er in die Nähe eines Schweins zu kriegen, und jetzt ist er mit vieren davon zusammen. Das Problem ist, daß die Leute den Tieren keine Gelegenheit geben, sich zu sehen und kennenzulernen. Das ist wie bei Menschen, die nie ausgehen dürfen.»

Wir gingen nach draußen und sahen uns an, wie Pferde und Schweine zusammen lebten. Sie sahen tatsächlich ganz zufrieden aus. «Wenn dieses Pferd sich nachts hinlegt, liegen sämtliche Schweine um es herum», erzählte Jack O'Donoghue. «Man muß Pferden alles zeigen – Kühe und all so was – das macht einen großen Unterschied.»

Jack hält auch Kälber. «Das einzige Problem bei Kälbern ist nur, daß sie den Pferden die Schweife abknabbern», sagte er. «Warum sie das machen, weiß ich auch nicht. Zu blöd.»

Aber wie steht es mit Menschen? Welche Art von Menschen ist Jacks Meinung nach am besten geeignet, mit Pferden umzugehen?

«Heutzutage ist es ziemlich schwierig, die richtigen Leute zu finden. Mich rufen dauernd Leute an, die hier arbeiten wollen. Sie sagen, sie wollen unbedingt hier arbeiten, und dann erklären sie mir, sie wollen nur fünf Tage die Woche arbeiten. Ich frage: ‹Und was passiert mit den Pferden an den anderen beiden Tagen?› Sie wollen die Stelle gar nicht wirklich!

Die wichtigste Eigenschaft für jeden, der im Stall arbei-

ten will, ist die Liebe zu Pferden. Dazu kommt noch, daß sie schnell arbeiten müssen – schnell und ordentlich. Wie eine Hausfrau in ihrer Küche. – Manche Leute sind zu nervös, und manche haben keine Geduld. Und die, die Angst haben, erkennt man sofort», meinte er. «Sie brüllen so viel.
Wer mit Pferden umgehen will, muß angeborene Selbstdisziplin besitzen. Und ein Reiter muß von Natur aus eine gute Hand haben – eine weiche, elastische Hand. So ein bißchen wie beim Fischen, wissen Sie? Man muß dauernd annehmen und nachgeben – wie wenn man einen Fisch an der Angel hat.»
Jack O'Donoghue blickte mit kaum verhohlenem Amüsement auf mich herab: «Kennen Sie den alten Spruch? ‹Behandle dein Pferd, wie du eine Frau behandelst, dann kann nichts schiefgehen!›»
Er führte mich herum, und wir bewunderten die Pferde in ihren Boxen. Für wie intelligent hält Jack Pferde?
«Es gibt Pferde, die schneller kapieren, was man von ihnen will, als andere. Ein paar sind wirklich sehr schlau und können richtig denken, aber die meisten nicht so sehr, wissen Sie das? Gay Record war sehr intelligent. Wenn er wirklich mal seinen Jockey verlor, kam er immer zum Stall zurück, während andere – na, die galoppieren wie die Verrückten mitten in die Zuschauer oder sonstwohin und gehen verloren. Aber die Vernünftigen sind auch immer die Guten. Und ein Pferd versucht immer, sein Bestes für uns zu geben. Nehmen Sie doch nur mal diese Springpferde. Sie könnten doch jederzeit stehen bleiben, wenn sie wollten – aber sie versuchen es immer wieder. Der alte Bumerang von Eddy Macken zum Beispiel, man konnte richtig sehen, wie er sich jedesmal wieder anstrengte.»

Was Pferde am meisten brauchen, ist Ermutigung, meinte Jack: «Man sieht den Unterschied, wenn man verschiedene Leute auf dasselbe Pferd setzt. Beim ersten regt sich das Pferd schrecklich auf und ist ganz aus dem Häuschen, und dann setzt sich ein anderer darauf, und alles ist ganz anders. Er hat eine andere Hand, fühlt sich anders an. Er flößt dem Pferd Vertrauen ein, und das ist das, was Pferde brauchen, und wie!

Sie wissen, wenn jemand Angst hat. Sie spüren es sofort. Wenn man einfach so zu ihnen hingeht, mit ihnen spricht und so, ist alles in Ordnung. Sie kennen einen bald an der Stimme. Wir hatten mal einen Pfleger hier, den Johnny; er hatte immer Bonbons für ein bestimmtes Pferd in der Tasche. Wenn er in den Stall kam, rief er jeweils: ‹Wo ist Jimmy?›, und das Pferd streckte den Kopf heraus und holte sich sein Bonbon. Dann wollten wir es reinlegen, gingen in den Stall und riefen: ‹Wo ist Jimmy?›, aber das Pferd streckte nicht einmal den Kopf heraus. Er kannte Johnnys Stimme – das beweist doch, daß Pferde Stimmen erkennen, nicht?

Sie haben auch gern Musik, das haben wir schon gemerkt. Wenn wir die Pferde in der Halle haben, stellen wir immer ein Radio an. Es hängt an einer Stange mitten in der Halle, und wenn man dann die Zügel durchhängen läßt, so daß die Pferde hingehen können, wohin sie wollen, gehen sie schnurstracks zum Radio und hören zu.»

Jack führte mich in die Scheune, in der das Heu gestapelt wird, und wühlte in den Heuballen herum, bis er gefunden hatte, was er suchte. Es war eine seiner Bantam-Hennen, die auf vier Eiern saß. «Sie denken immer, sie können sich verstecken», sagte er und nahm die Henne schmunzelnd hoch. «Aber mich führen sie nicht hinters Licht. Ich weiß immer, wo ich sie suchen muß.» Ganz vorsichtig setzte er die Henne wieder auf ihre Eier und tarnte sie mit einem Schleier aus Heu.

Zurück zu den Pferden. Bevor ich ging, fragte ich Jack nach dem Geheimnis seines Erfolgs. Sein Blick sagte mir, daß die Antwort darauf doch so klar war, daß sie sich erübrigte.
«Wenn ein Pferd im Training Schwierigkeiten macht», sagte er freundlich, «dann ist das doch nur eine Zeitfrage, nicht? Man weiß doch immer, daß man im Finish gewinnt.»

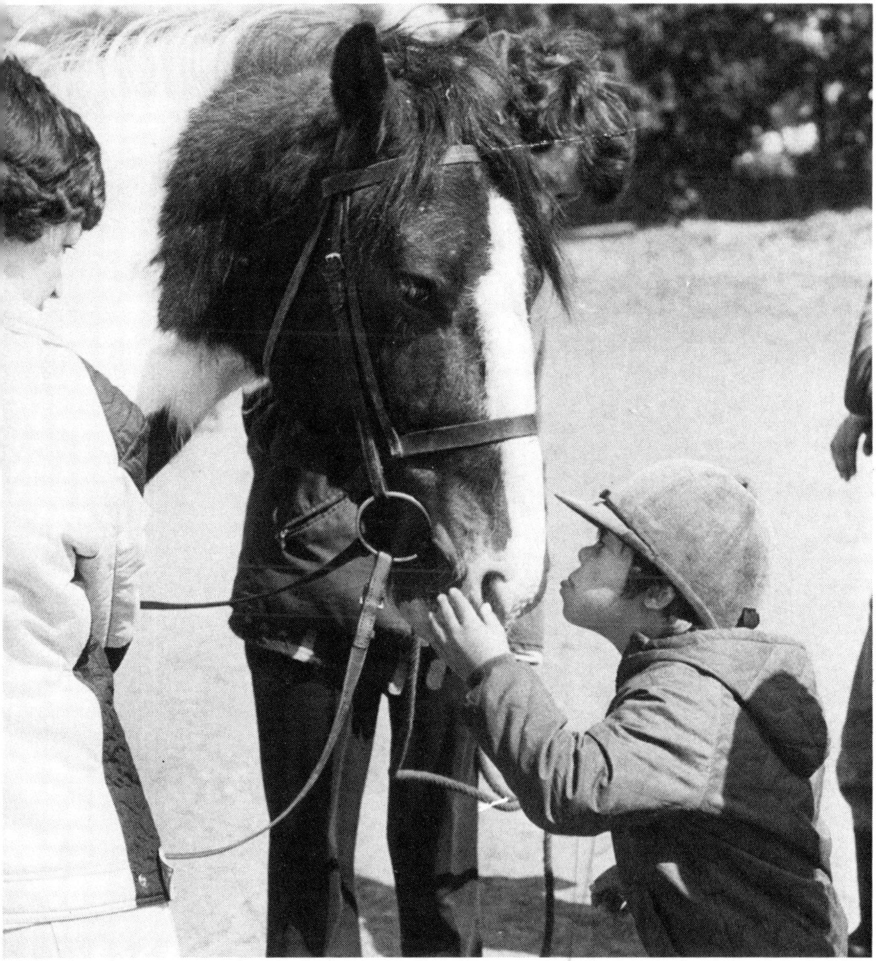

5. *Augenblickliche Übereinstimmung: Ein an Down-Syndrom leidendes Kind steht zum erstenmal im Leben einem Pferd gegenüber.*

6. Jack O'Donoghue in seinem Rennstall in Reigate mit einem Zweijährigen, der bei ihm im Training steht. (Donald Cooper)

Kapitel 6

Blick in die Zukunft

Pferde zahm zu machen und auszubilden, ist eine Kunst, keine Wissenschaft. Damit ein Pferd ihm so vollständig vertraut, muß ein Ausbilder nicht nur die richtige Technik beherrschen, er muß auch die richtige Persönlichkeit besitzen, die Gabe des «Eile mit Weile», wie Rarey sich ausdrückte, und die Ausstrahlung, die Vertrauen einflößt. Jedes Pferd kann den Experten erkennen, wenn es einen trifft.

George Freeman, Harry Ranson und Jack O'Donoghue haben alle ein intuitives Verständnis für Pferde, das auf solider Ausbildung und jahrelanger Erfahrung beruht. Gemeinsam ist ihnen auch die Gabe, die Fragen, auf deren Beantwortung man den größten Wert legt, völlig blödsinnig erscheinen zu lassen. Gefragt, was sie mit einem Pferd machen, das beißt, nicht vorwärtsgeht, sich nicht einfangen läßt oder durchgeht, wenn man es am wenigsten erwartet, sehen sie einem lange und fest in die Augen und erklären, daß ihnen so etwas nicht passiert. Und was einen dabei am meisten erbittert, ist, daß sie die Wahrheit sagen. Es ist ihnen zur zweiten Natur geworden, ein Problem bereits im Ansatz zu erkennen und etwas dagegen zu unternehmen, bevor es sich richtig entwickeln kann. Sie wissen, was im Kopf eines Pferdes vorgeht, ohne auch nur drüber nachdenken zu müssen.

Aber auch für diejenigen unter uns, die nicht jeden Augenblick ihres Lebens den Pferden widmen können, selbst wenn sie es gerne möchten, besteht Hoffnung, denn uns kommt Dr. Moyra Williams zu Hilfe. Frau Dr. Williams, von Beruf Psychologin, züchtet auf kommerzieller Basis Jagdpferde, reitet und hat mehrere Bücher geschrieben, darunter *(Horse Psychology) Praktische Pferdepsychologie,* Albert Müller Verlag, *A Breed of Horses* und *Adventures Unbridled.* Ihr verdanken wir sehr viele Erklärungen, wie Pferde auf die Menschen ihrer Umgebung und auf die verschiedensten Situationen reagieren. Ihre Untersuchungsergebnisse sind unersetzlich für jeden, der Pferde besser verstehen will.

Als ich sie aufsuchte, sprach sie zuerst über die Experten: «Manche unserer berühmtesten Reiter verdanken ihren Erfolg ihrer unglaublichen Sensibilität Pferden gegenüber. Sie sprechen sozusagen ihre Sprache. Natürlich nicht die Menschensprache, sondern Körpersprache. Nur schade, daß sie nicht erklären können, was sie machen, wenn man sie danach fragt. Wahrscheinlich ist ihnen tatsächlich gar nicht bewußt, was sie tun. Wie ein Pferd auf einen Reiter oder irgendeinen Menschen reagiert, hängt weitgehend davon ab, wie der Betreffende sich fühlt. Und durch unsere Art, uns zu bewegen oder zu sprechen, geben wir unbewußt eine Menge Informationen darüber, wie uns die ganze Zeit zumute ist. Um ein einfaches Beispiel zu geben: Die Angespanntheit eines nervösen Reiters drückt sich in seiner Körperhaltung aus und überträgt sich dadurch auf das Pferd. Damit will ich nicht sagen, daß es nicht auch Pferde gibt, die mit Hilfe einer Art sechsten Sinnes die Gedanken ihres Reiters lesen können, nur, meistens brauchen sie das gar nicht.»

Wie gut ein Pferd unbewußt gegebene Zeichen registrieren kann, demonstriert auf höchst eindrucksvolle Weise die berühmte Geschichte vom Klugen Hans. Frau Dr. Williams schrieb die Geschichte für die Fachzeitschrift *Equi* auf:

«Der Kluge Hans lebte zu Anfang des Jahrhunderts und gehörte einem Herrn von Osten. Dieser war davon überzeugt, daß Pferde ebenso intelligent seien wie Menschen und daß man ihnen mit dem richtigen Unterricht das Lesen, Schreiben und Rechnen beibringen könne wie nur irgendeinem Menschen. Er unterrichtete den Klugen Hans also in diesen Schulfächern, wobei er die Rechnungen an eine Tafel schrieb oder dem Pferd vorsprach, das die Antwort mit den Hufen klopfte: ein Vorderhuf für die Zehner, einer für die Einer. Tatsächlich lernte der Kluge Hans in recht kurzer Zeit sein Pensum und konnte auf viele verschiedene Fragen die richtige Antwort klopfen.

Nun reiste Herr von Osten mit ihm im Land umher und demonstrierte die Fähigkeiten seines Pferdes. Die Gelehrten vermuteten jedoch sofort einen Betrug und beriefen eine Kommission, die seine Behauptung untersuchen sollte. Sie kamen zu dem Schluß, daß es sich nicht um bewußten Betrug handelte, auch nicht um eine zauberische oder telepathische Verbindung zwischen Herrn und Pferd, denn Hans konnte seine Aufgaben auch dann lösen, wenn von Osten außer

Sicht war und selbst die Aufgabenstellung gar nicht kannte. Einem Mitglied der Kommission fiel jedoch auf, daß Hans offensichtlich viel mehr auf die Person achtete, welche die Aufgabe stellte, als auf die Aufgabe selbst, und dann stellte er fest, daß die Fragesteller jedesmal, wenn Hans mit dem jeweiligen Fuß die richtige Zahl geklopft hatte, leichte – und völlig unbewußte – Bewegungen mit Kopf und Augen machten. Kaum hatte man die Fragesteller darauf aufmerksam gemacht, so daß sie sich in acht nahmen, da tappte Hans auch schon im dunkeln. Als man Herrn von Osten dies demonstrierte, geriet er in tiefste Verzweiflung. Er zog nicht nur all seine Behauptungen über die Intelligenz der Pferde zurück, er verlor auch den Glauben an seinen Hans. Aber dem armen Herrn von Osten war das Wesentliche daran entgangen. Auch wenn ihm der Beweis, daß Pferde in der Lage seien, mathematische Probleme zu lösen, mißlungen war, hatte er doch auf das Brillanteste vorgeführt, daß ein Pferd von Menschen gegebene Zeichen beobachten und interpretieren konnte, obwohl den Betreffenden nicht einmal bewußt war, irgendwelche Zeichen gegeben zu haben.»

Da Pferde nicht sprechen können, drücken sie ihre Gefühle mit Hilfe der Körpersprache aus – einer Sprache, die laut Frau Dr. Williams gar nicht schwer zu erlernen ist, wenn man sich die Mühe macht, sie zu studieren. Aber die wenigsten versuchen auch nur zu verstehen:

«Sie schauen überhaupt nicht hin, was ein Pferd sagt, weil sie vorgefaßte Ideen darüber haben, was ein Pferd tun oder lassen sollte. Sehr viele Leute, die es eigentlich besser wissen sollten, ignorieren selbst die eindeutigsten Anzeichen dafür, daß ein Pferd nervös oder beunruhigt ist. Es fällt ihnen überhaupt nicht ein, darauf zu achten, was wirklich vorgeht und was ihr Pferd ihnen mitzuteilen versucht. Wer mit Pferden umgeht, muß auch denken wie ein Pferd.»

Um die Denkweise eines Pferdes besser zu verdeutlichen, hat Frau Dr. Williams eigene Experimente durchgeführt. Sie erklärte:

«Jede Tierart hat je nach Herkunft ihre eigenen Gewohnheiten und Empfindlichkeiten. Um Pferde verstehen zu können, muß man daran denken, daß sie ursprünglich sehr aktive Geschöpfe waren, Herdentiere, die auf freiem Feld lebten. Um unter diesen Umständen zu überleben, mußten sie über ihre Umgebung sehr genau Bescheid wissen; das heißt, der normale Anblick, die normalen Geräusche waren ihnen eingeprägt, so daß sie alles davon Abweichende sofort erkannten.»

In Experimenten mit ihren eigenen Tieren – so sorgfältig kontrolliert wie möglich – hat Frau Dr. Williams bewiesen, daß Pferde nichts von diesem Sinn für ihre Umgebung eingebüßt haben. Unbekannte Objekte auf der Weide waren für die Tiere ein Grund zur Beunruhigung. Sogar ein Heuballen, der dort lag, wo sonst keiner lag, wurde, besonders von den älteren Pferden, mit Mißtrauen beäugt. Ältere Pferde scheinen eine noch genauere Vorstellung davon zu haben, wie die Umgebung aussehen sollte, als jüngere. Ein gestreifter Schirm auf einer Wiese verursachte einen Aufruhr, obwohl derselbe Schirm, auf der Straße getragen, überhaupt nicht beachtet wurde. Legte man einen Ballon in den Hof, in dem sehr oft Kinderspielzeug herumlag, wurde er als selbstverständlich betrachtet; legte man denselben Ballon auf die Koppel, schnaubten und stampften sämtliche Pferde vor Aufregung. Um es mit Frau Dr. Williams eigenen Worten zusammenzufassen:

«Für uns Menschen ist ein Ballon immer ein Ballon,

ein Schirm bleibt ein Schirm, ob draußen oder drinnen, gegen eine Wand gelehnt oder aufgespannt auf einer Wiese. Für Pferde jedoch trifft dies anscheinend ganz und gar nicht zu. Für sie ist der Anblick der gesamten Umgebung wichtig, nicht der einzelne Heuballen oder Schirm, sondern die Tatsache, daß das plötzliche Auftauchen des Heuballens oder des Schirms das Aussehen der Umgebung verändert.»

Ein weiteres Experiment verdeutlicht ebenso, mit welcher Geschwindigkeit sich der «Ort» in ein Pferdehirn einprägt. Bei diesem Experiment verwendete Frau Dr. Williams Geräusche. Sie nahm Jazzmusik auf Band auf und spielte sie den Pferden vor, wobei sie das Gerät erst auf die eine und dann auf die andere Seite stellte. «Mit meinem menschlichen Verstand dachte ich, die Pferde würden sich das erste Mal am meisten wundern, wenn sie die Musik hörten. Sie waren auch überrascht, als sie sie das erste Mal hörten, aber beim zweiten Mal, als sie von der anderen Seite kam, waren sie noch viel überraschter. Fast alle Pferde schauten ganz verblüfft nach der ursprünglichen Seite, als ob sie sagen wollten: ‹Was ist denn jetzt passiert? Das sollte doch von dort kommen!›»

Ich fragte Frau Dr. Williams nach dem, was für mich immer der größte Widerspruch gewesen war: Einerseits sagt Rarey, daß Pferde fähig sind, Zuneigung zu empfinden und auf Zuneigung zu reagieren, andererseits besteht aber kein Zweifel daran, daß die am meisten geliebten und verwöhnten Tiere oft am schwierigsten und gefährlichsten werden. Nach Frau Dr. Williams ist dies alles andere als ein Widerspruch: «Ein Pferd muß nicht unbedingt das gleiche unter Zuneigung verstehen wie ein Mensch, oder? In der Herde hat das Pferd ein Leitpferd, das ihm das Gefühl der Sicherheit vermittelt. Diese Stellung des Leitpfer-

des haben wir nun übernommen, und genau das erwartet das Pferd nun von uns – Führerschaft. Wenn man es verzärtelt und ihm immer seinen Willen läßt, schiebt es einen einfach zur Seite. Das ist nicht das, was es unter Zuneigung versteht. Die Tatsache, daß alle Pferde früher oder später die Autorität aller testen, die mit ihnen umgehen, rührt weniger von dem Wunsch her, in einem Machtkampf Sieger zu bleiben, als vielmehr von einem Bedürfnis nach Sicherheit. Selbst wenn man nur spazieren reitet, muß man wissen, was man will. Man muß sagen: ‹Komm, mein Junge, hier geht's lang›, und das mit voller Überzeugung. Wenn man sagt: ‹Könnten wir vielleicht hier lang gehen?› beschließt das Pferd, daß es nicht hier lang gehen möchte, sondern dort. Der Grund dafür ist, daß Pferde sich äußerst unsicher fühlen, wenn ihnen der Mensch nicht zeigt, daß er die Situation beherrscht. Sie denken dann: ‹Ob es hier entlang überhaupt sicher ist? Ich trau' dieser Frau nicht. Wer paßt auf mich auf?›»
Moyra Williams' feinfühlige und kluge Beiträge zu einem besseren Verständnis des Pferdes zeigen den Weg in eine Zukunft, in der wir genügend wissen, um wieder in Harmonie mit unseren Tieren zu leben, und keine Angst mehr zu haben brauchen. Es war Furcht, was seit Menschengedenken unsere Beziehung zu Pferden belastet hat – Furcht, weil wir nicht verstehen konnten. Und es besteht die Möglichkeit, daß in der Zukunft Entdeckungen gemacht werden, die unsere Vorstellungen von der Beziehung zwischen Mensch und Pferd umkehren. Beweise dafür gibt es.
Joe Royds hat sie gesehen.

Joe Royds leitet eine Reitschule für geistig behinderte Jugendliche und Erwachsene in England (Mencap). In den fünfzehn Jahren seiner Tätigkeit hat er zwischen zwölf- und dreizehntausend Kinder auf Pferde und Ponys gesetzt. Er besitzt keine medizinischen oder wissenschaftlichen Qualifikationen, sondern beschreibt einfach, was er sieht. Joe Royds erklärte, daß er mit Kindern zu tun habe, deren Gehirn nicht richtig funktioniert, die jedoch besonders feinfühlig und sensibel seien. Besonders hochentwickelt seien Geruchs- und Tastsinn.

«Das Gefühl auf einem sich bewegenden Pferd hat etwas Beruhigendes», sagte Joe zu mir. «Warum, kann man nicht erklären. Wir wissen es nicht, aber an der Tatsache ist nicht zu rütteln.»

Ungefähr jedes zehnte dieser Kinder vergräbt, wenn es zum erstenmal auf ein Pferd gesetzt wird, das Gesicht in der Mähne und atmet tief ein. «Was hat Pferdegeruch an sich, was einem unentwickelten Geist so etwas wie Gemeinschaft suggeriert? – Wir wissen es nicht.»

Aber ob nun zuerst der Tast- oder der Geruchssinn geweckt werden – das Ergebnis bleibt sich gleich. Joe erklärte, was dann passiert:

«Hat das Kind erst einmal mit den direkteren Sinnen Kontakt mit dem Pferd aufgenommen, ist es, als ob es eine aus einem einzigen Ton bestehende Melodie hören würde. Dann fangen die anderen Sinne an sich zu regen, und es wird eine Symphonie daraus, gespielt von einem ganzen Orchester. Die Melodie bleibt, aber das Symphonie-Orchester spielt darum herum. Nach einer Pause von zwanzig Sekunden bis zu einer Minute fängt das Kind an, auf seine Umwelt zu reagieren. Es winkt seinen Freunden zu, den Leuten, die um das Pferd herumstehen. Vom Sattel aus sieht es die Welt und sich selbst aus einer neuen Perspektive. Es sieht sich, wahrscheinlich zum erstenmal im Leben, als Person und vor allem als Person mit einer Chance.»

Zur Illustration dieses Phänomens erzählte Joe die

Geschichte eines Kindes, das in einem Heim für Behinderte lebte:
«Auf dem Pferd, das ich führte, saß ein autistischer Junge – sprachlos, unglücklich, hoffnungslos. Ein Arzt ging neben mir her und fing an, über das Kind, seinen Patienten, zu sprechen, als ob dieses nicht vorhanden wäre. Ich sagte ihm, er solle doch still sein, und das war er dann auch. Nach vielleicht fünfzig Metern fing das Kind an zu juchzen – anders kann man diesen charakteristischen Laut, den überwältigendsten Laut überhaupt, nicht beschreiben. Wir gingen immer weiter, ohne zu sprechen, man hörte nichts als diese Laute des Entzückens, die das Kind ausstieß. Als der Junge abstieg, sagte ich ihm, er solle dem Pferd den Hals klopfen, was er sofort tat, und dann ging er zu seinem Lehrer zurück. Der Arzt sah mich quer über den leeren Sattel hinweg an und sagte: ‹Sie haben mir bei Gott klargemacht, was Sie meinten.›»
Nach einer Übersicht von Mencap (1975), der Trägergesellschaft, die auch die Reitschule unterhält, verbesserten sich von 86 Kindern
«... nach regelmäßigen Ritten auf Ponys etwa 75% der Kinder, deren Allgemeinverhalten vorher als sehr schlecht eingestuft worden war, in einem derartigen Ausmaß, daß sie für ein Leben außerhalb von Heimen in Betracht kamen. Am meisten verbesserten sich Selbstvertrauen, Sozialverhalten und Verkrampfung. Zwar gibt es keinen direkten Beweis dafür, daß die Besserung auf die Erfahrung des Reitens zurückzuführen ist, aber bei den Kindern, die ritten, war eine viel ausgeprägtere Verbesserung zu verzeichnen als bei der Kontrollgruppe, die nicht ritt.»
Das einzige solide wissenschaftliche Beweisstück, das die These untermauert, daß das Reiten günstige Auswirkungen auf geistig behinderte Kinder hat, ist ein

Experiment, das im Lea Castle Hospital durchgeführt wurde. Anhand von Elektro-Enzephalogrammen (der Wiedergabe elektrischer Impulse des Gehirns) wurde nachgewiesen, daß die Frequenz der Alpha-Wellen eines Kindes, die vor dem Reiten langsame 3–5 pro Sekunde betragen hatte, sich auf dem Pferderücken auf normale 8–9 pro Sekunde erhöhte. (Bei normalen Menschen schwankt die Frequenz zwischen 8–13 pro Sekunde im Wachen und 4–6 pro Sekunde im Schlaf.)
«Vielleicht die bemerkenswerteste Verbesserung, sicher aber die wichtigste, ist die Verbesserung der Sprechfähigkeit», erklärte Joe Royds. Joe weiß von 27 Fällen, von denen 14 sich unter seinen eigenen Augen abspielten, bei denen Kinder die allerersten Worte ihres Lebens äußerten, während sie auf dem Pferd saßen. Nach Joes Ansicht kommt das daher, daß in solch einem Fall, wenn ein geistig behindertes Kind zum erstenmal auf einem Pferd sitzt, «ein lebendes Wesen plötzlich von gleich zu gleich Kontakt zu einem anderen lebenden Wesen hat».
Und die Pferde? Wie reagieren sie darauf?
Dazu Joe: «Pferde erkennen ein geistig behindertes Kind, das nicht denken kann, weil sie selbst nicht sehr viel denken. Ihnen gefällt die Furchtlosigkeit dieser Kinder, und wenn sie sie erst einmal als anderes, nichtdenkendes Lebewesen erkannt haben, setzen sie eine Kommunikation in Gang, die so schnell ist, daß sie in manchen Fällen augenblicklich stattzufinden scheint.»
Das Verhalten der Pferde während der Ritte beschreibt Joe als «... aufmerksam – jeder Nerv angespannt. Man sieht deutlich, daß sie alles geben, was nur drin ist. Manche Pferde verkürzen von selbst den Schritt, um es dem Reiter bequemer zu machen, oder sie gehen am Zügel wie bei einem erfahrenen Reiter. Manche Kinder möchten über Cavaletti reiten bzw. geführt werden,

und es fasziniert mich immer wieder, wenn ich sehe, wie die Pferde selbst entscheiden, ob sie im Schritt oder im Trab darübergehen oder ob sie dem Reiter sogar einen kleinen Sprung zumuten können. Diese Pferde übernehmen die Verantwortung für ihren Reiter, und sie passen sehr gut auf ihn auf. Sie sind bereit, Zugeständnisse zu machen, und das kann man normalerweise nicht so ohne weiteres von einem Pferd erwarten.»

Wenn es so wäre, daß die Pferde nur einen verhältnismäßig ruhigen, problemlosen Nachmittag genießen, wäre es kaum zu erklären, warum die meisten, wie Joe versichert, nach zwei Stunden mit behinderten Kindern deutliche Anzeichen von Verspannung zeigen:

«Ich habe Ponys gesehen, die viel Erfahrung hatten und sehr gut geritten waren und die – nach Beendigung der Reitstunden – überhaupt nicht mehr aufhören konnten zu buckeln. Deshalb lasse ich auch meine Helfer nicht noch einmal reiten, wenn die Kinder weg sind. Die Pferde brauchen unbedingt Ruhe.»

Joe hat auch beobachtet, daß die Pferde offensichtlich sogar zwischen verschiedenen Behinderungen unterscheiden können, obwohl es bis jetzt nicht einmal Vermutungen darüber gibt, wie dies möglich ist. Neuere Forschungsergebnisse aus Norwegen werfen jedoch ein interessantes Licht auf die Möglichkeit, daß dabei der hochentwickelte Geruchssinn des Pferdes eine Rolle spielt. Joe hatte bemerkt, daß Pferde auf ein geistig behindertes Kind erst reagieren, wenn es im Sattel sitzt, daß sie auf autistische Kinder aber sofort reagieren – sie spitzen die Ohren und zeigen deutlich, daß sie sich auf die näherkommenden Kinder freuen. In Norwegen hat man nun vor kurzem entdeckt, daß im Urin autistischer Menschen ungewöhnliche Peptide vorhanden sind, und ein mit Joe befreundeter bekannter Biochemiker meinte, diese im Urin nachweisbaren Peptide seien dann sehr wahrscheinlich auch im Schweiß vorhanden. Wenn dies der Fall ist, besteht Grund zu der Annahme, daß ein Pferd den Unterschied zwischen einem autistischen und einem geistig behinderten Kind tatsächlich riechen kann.

Laut Joe reagieren die Pferde auf geistig kranke Kinder wieder ganz anders:

«Bei behinderten Kindern machen sie einfach alles, was man nur will. Aber versuchen Sie mal, ein depressives Kind in den Sattel zu bringen! Wir haben die Pferde in Nervenkliniken mitgenommen, aber es hat einfach nicht funktioniert. Die Pferde tun nur eines von beiden: Entweder muß man sie am Führzügel geradezu hinter sich herzerren, sie spielen einfach nicht mit, schalten völlig ab – oder sie bekommen Angst, wirkliche Angst, verdrehen die Augen, bis man nur noch das Weiße sieht, und sind kurz vor dem Durchgehen. Warum, wissen wir nicht. Ich finde, wir müssen in aller Demut zugeben, daß Pferde Fähigkeiten besitzen, die uns abgehen. Ein Freund von mir, ein bekannter Psychiater, sagte vor einigen Jahren zu mir: «Was die Seele anbetrifft, sind wir nicht im Mittelalter, sondern noch davor. Wenn sich herausstellt, daß so etwas wie Reiten etwas bringt, dann mach um Himmels willen damit weiter und stell nicht zu viele dumme Fragen.»

Damit hatte Joe Royds Freund natürlich recht, aber die Antwort auf die Fragen steht immer noch aus.

Wie Dr. Moyra Williams schon sagte, teilt jeder Reiter seinem Pferd auch ohne sein Wissen eine Menge Informationen mit. Wir müssen noch sehr viel mehr darüber herausfinden, wie diese Informationen genau übermittelt werden, und darüber hinaus müßten wir wissen, wie ein Pferd erkennen kann, auf welche Art das Gehirn eines Menschen arbeitet. Manchmal kann es sicher Schlüsse daraus ziehen, wie ein Reiter sich «anfühlt», aber nicht immer. Es ist schwer vorstellbar, wie ein Pferd nur aufgrund von Körpersprache oder Geruch den Unterschied zwischen einem geistig behinderten und einem geistig kranken Kind herausfinden kann. Sollte es sich doch um so etwas wie Telepathie handeln?

Das Thema Telepathie zwischen Mensch und Pferd ist noch unsicheres Gelände. Trotzdem wissen wir, daß sehr viele Reiter eine solche Harmonie mit ihren Tieren erreicht haben, daß sie sich nicht nur als Einheit bewegen, sondern offensichtlich auch als Einheit denken. Eine geistige Kommunikation, die Botschaften schneller übermittelt, als dies durch bewußte oder unbewußte Körpersignale möglich wäre.

Einer, der bereit ist, für seinen Glauben an Telepathie einzustehen und ihn zu verteidigen, ist DON CARLOS RICARDO. Don Carlos und seine Partnerin Joy Phipps haben einen Stall in Berkshire, wo sie Araber halten und sie nach Westernart ausbilden.

Don Carlos ist in Australien, in Patagonien, geboren. Mit vier Jahren fing er an zu reiten, mit acht bekam er sein erstes Pferd, und mit zwölf ging er von zu Hause fort. Seitdem lebt und arbeitet er mit Pferden. Als ich seinen Stall besuchte, blies ein scharfer Wind, und Don Carlos war mit Cowboyhut und einem kurzen Strick auf dem Weg zur Koppel, um einen jungen Araber hereinzuholen. Das Pferd galoppierte, erregt von der Freiheit und dem starken Wind, mit wehender Mähne, wehendem Schweif die Koppel auf und ab. Wenn es je ein Pferd gab, das «sich seiner Kraft freute», dann dieses, und ich war gespannt, wie Don Carlos es einfangen wollte. Der Araber war neu hier, von seinen Besitzern hierher geschickt, weil sie nicht mit ihm fertig wurden.

Als Don Carlos ans Tor kam, hörte das Pferd auf herumzugaloppieren und kam her. Don Carlos ging auf die Koppel, legte dem Pferd die Arme und damit auch den Strick um den Hals und führte diesen dann noch einmal um die Nase, so daß eine Art Halfter entstand. Fertig waren sie. Es ging alles so unauffällig, so glatt, daß ich fast enttäuscht war. Und dann ergriff der Wind die Initiative. Eine kräftige Bö fuhr unter ein Stück Wellblech auf einem Dach in der Nähe und ließ es mit ohrenbetäubendem Krach wieder fallen. Das junge Pferd sprang mit allen vier Beinen in die Luft, ein perfekter Senkrechtstart. Don Carlos legte ihm einen Finger auf die Brust und sagte etwas, und nun geschah etwas Außerordentliches. Ich sah, wie in diesem Augenblick alle Spannung aus dem Pferd abfloß, so daß es entspannt und ohne jede Bewegung dastand, bis Don Carlos es kurz darauf in den Stall führte.

Don Carlos ist ein nicht sehr großer, schlanker Mann mit dunklem Haar und hohen Backenknochen. Seine Bewegungen sind kurz und sparsam, sein Händedruck ist kühl und trocken. Er macht den Eindruck eines Mannes, dem niemand etwas vormacht und der seinen eigenen Kopf hat. Er hat immer noch sehr viel von einem Cowboy und wirkt in der sanften Berkshire-Landschaft etwas überraschend. In seinem vollgestopften Wohnwagen, gleich neben dem luxuriösen Stalltrakt, den er für seine Pferde geplant und gebaut hat, erklärte Don Carlos mir seine Theorien über den Umgang mit Pferden, entstanden in einem Leben, in dem er vermutlich mehr Zeit mit Pferden verbrachte als irgend jemand sonst: Von der Arbeit als Cowboy in Südamerika bis zu seinem Rundritt um sämtliche Britische Inseln auf seinem Pferd Lady, für den er über vier Jahre brauchte.

«Es war ulkig, wie sich die Dinge manchmal entwikkelten», erzählte er. «Einmal ritt ich durch Schottland, und plötzlich hielt ein Lastwagen neben mir, und der Fahrer sagte: ‹Das ist ja ein Superpferd, was du da hast.› Ein paar Monate später übernachtete ich in einem Stall, und es stellte sich heraus, daß er der Frau des Lastwagenfahrers gehörte. Ich wollte nur über Nacht bleiben, aber es wurden sechs Monate daraus. Die Leute hörten von mir, riefen an und fragten: ‹Ist der Cowboy da?›»

In einem anderen Stall, den er auf seinem Ritt kennenlernte, traf Don Carlos einen alten Mann, der behauptete, ein Geheimnis zu besitzen, das ihm erlaubte, mit jedem Pferd alles zu tun, was ihm beliebte. An Lady kam er überhaupt nicht heran. Niemand außer Don Carlos hat Lady je geritten, und niemand außer Joy Phipps hat sie auch nur berühren dürfen. Bevor er sich in Berkshire niederließ, betrug die längste Zeitspanne, die er je ohne Lady verbracht hatte, acht Stunden. Ihre geräumige Box ist die erste, wenn man den Stall betritt, und sie ist immer noch in Hörweite von Don Carlos' winzigem Caravan.

«Haben Sie gewußt, daß sich ein Pferd in 42 verschiedenen Lauten mitteilen kann?» fragte mich Don Carlos.

Ich erwiderte, daß mir das sehr viel zu sein scheine.

«Nun, Sie müssen verstehen, daß ein Pferd je nachdem, was es ausdrücken will, einen anderen Ton, eine andere Art von Wiehern verwendet. Wer so viel Zeit mit Pferden verbracht hat wie ich, weiß genau, was sie sagen wollen.»

Ich fragte ihn, wie schnell ein Pferd seiner Meinung nach einen Menschen einschätzen könne.

«Die Leute sagen, ein Pferd weiß alles über seinen Reiter in dem Moment, in dem er aufsitzt und die Zügel aufnimmt. Das ist Quatsch. Ein Pferd weiß lange, bevor man die Zügel auch nur anrührt, Bescheid. Wie ein Mensch sich fühlt, hat Auswirkungen auf seine Atmung, auf seinen Geruch, die Berührung seiner Hände und den Klang seiner Stimme. Und ein Pferd kann das mit seinen hochentwickelten Sinnen längst wahrnehmen, bevor dieser Mensch auch nur in seine Nähe kommt. Damit meine ich nicht eine Entfernung von ein paar Metern, sondern von wirklich ganz weit weg.»

Auch zu Don Carlos werden wie zu George Freeman Pferde geschickt, wenn ihre Besitzer nicht mehr mit ihnen fertig werden. Was also macht er, wenn er zum erstenmal zu einem Problempferd in die Box geht?

«Wenn man zu so einem Pferd in die Box geht, muß man sehr, sehr gut hinsehen, denn alles, was das Pferd tut, sagt einem etwas. Es macht vielleicht einen aggressiven Eindruck, aber man muß wissen, ob der Grund dafür eigentlich Angst ist, oder ob es tatsächlich angreifen will.»

Und woran erkennt man den Unterschied? Don Carlos sah mich an:

«Wie soll ich die Erfahrung von Jahren beschreiben? Ich bin es gewohnt, Pferde zu beobachten. Wenn Sie einem Menschen gegenüberstehen, können Sie doch wahrscheinlich auch sagen, ob er Angst hat oder in Kampfstimmung ist, oder?»

Er fuhrt fort:

«Ich muß, wenn ich in die Box gehe, dem Pferd vor allem zu verstehen geben, daß es, was es bisher auch für Erfahrungen mit der menschlichen Rasse gemacht haben mag, von mir nichts zu befürchten hat. Natürlich spreche ich die ganze Zeit mit ihm, aber es ist egal, was ich sage. Wichtiger ist, daß ich mich auf das Pferd einstelle – meine ganze Aufmerksamkeit darauf konzentriere und innerlich pausenlos sage: ‹Ruhig, mein

Junge, nur die Ruhe›, während ich zu ihm hingehe. Das Pferd kann das spüren. Das ist unheimlich, ich weiß, aber es ist absolut wahr. Wenn man ein Pferd auf diese Weise, ohne Worte, beruhigt, spürt es die Zuversicht, die man ausstrahlt, und es denkt: ‹Na, der da scheint in Ordnung zu sein.› Und wenn ich erst nahe genug bin, um das Pferd zu berühren, wird es noch einfacher, denn man kann zu Pferden mit den Händen sprechen. Es ist bei allen nervösen Pferden das gleiche – was zählt, ist das, was man innerlich zu ihnen sagt.»
Hat er so das junge Araberpferd beruhigt, das er hereinholte, als ich ankam?
«Ja. Ganz richtig.»
Don Carlos glaubt, daß sich eine Beziehung zwischen Mensch und Pferd am besten im Stall herstellen läßt: «Um sie herum arbeiten, mit ihnen sprechen, füttern, putzen – das ist die Grundlage von allem. Und wenn die Beziehung erst einmal besteht, sollte es mit der Ausbildung dann auch keine Probleme mehr geben. Wenn das Pferd Zutrauen hat, tut es auch, was der Mensch verlangt – das ist eine Vertrauenssache.» Don Carlos hat man schon viele Pferde geschickt, die auf die verschiedenste Art schlecht behandelt worden waren. «Für mich ist das Pferd das Tier, das vom Menschen am meisten mißbraucht wird», sagte er. «Und trotzdem laufen sie für uns bis zum Umfallen.»
Ich fragte Don Carlos, warum manche Leute seiner Meinung nach ihre Pferde mißhandelten.
«Wenn Leute ein Pferd schlecht behandeln, wirklich mißhandeln, ist der Grund dafür immer, daß sie selbst Angst haben. Pferde haben eine dicke Haut, sie sind gar nicht so sehr schmerzempfindlich, und Wunden vernarben auch wieder, aber das Schlimme an Mißhandlungen ist, daß sie dem Pferd seelisch schaden. Es ist die Ausstrahlung der Furcht, die das Pferd verletzt

und erschreckt. Wenn ich ein Pferd am langen Zügel ausbilde, und es macht etwas falsch, gebe ich ihm vielleicht einen Klaps. Es ist das Geräusch, das Klatschen, das ihm vermittelt, was ich meine – mit Schmerz hat das nichts zu tun, das Geräusch macht es aus.»
Eine Art von Grausamkeit besteht auch einfach darin, ein Pferd zu vernachlässigen. Zu Don Carlos sind auch schon Pferde gekommen, die überhaupt kein Leben mehr zu haben schienen. «Sie sahen aus, als ob es ihnen gleich wäre, wenn sie in der nächsten Minute tot umfallen würden.» Im Gegensatz zu Rarey gibt es für Don Carlos so etwas wie langweilige Pferde überhaupt nicht. Wenn er mit einem Pferd zu tun hat, das stumpf und abgestorben wirkt, versucht er es mit viel Zuwendung und damit, ihm etwas zu denken zu geben:
«In kürzester Zeit haben Sie ein völlig verändertes Pferd. In dieser Beziehung sind Pferde wie Menschen. Wenn sie nichts mehr interessiert, geben sie einfach auf.»
Nach Don Carlos steckt in jedem hoffnungslos dahinzockelnden alten Roß ein lebhaftes, interessiertes Pferd, das nur darauf wartet, hervorgelockt zu werden – von einem, der die Zeit und die Phantasie dazu hat. Und der es überhaupt will natürlich. Wie Don Carlos sagt, wollen nur zu viele Leute bloß hundertprozentig ruhige und sichere Pferde. «Denen sage ich, sie sollen sich lieber ein Fahrrad kaufen», war seine Meinung dazu.
Wer mit Pferden umgehen will, muß Don Carlos zufolge akzeptieren, daß ein Pferd ein vernünftiges Tier mit eigenem Charakter und eigener Sprache ist:
«Zu viele Menschen behandeln Pferde wie Maschinen. Sie hauen die Absätze rein, sie ziehen, und sie glauben nicht, daß es da auch so etwas wie Seele gibt.
Unzähligen Leuten, die ihr ganzes Leben mit Pferden

verbracht haben, fehlt dieser Funke, der den echten Pferdeexperten ausmacht. Ihnen fehlt ganz einfach die Fähigkeit, sich in jemand anderen hineinzuversetzen. Jeder, der mit Pferden umgeht, muß ein bißchen von Psychologie verstehen. Wissen Sie, ein Pferd tut nie etwas ohne Grund, und es ist Ihre Aufgabe, diesen Grund herauszufinden. Pferde stellen sich nie wegen nichts an.»

Don Carlos ist voll und ganz vom Western-Reitstil überzeugt:

«Mit dem Sitz und dem ‹neck reining›, den mit einer Hand gehaltenen und am Hals angelegten Zügeln, kann man ein Pferd auf dem Teller wenden. Und wenn man mit Rindern arbeitet, braucht man natürlich eine Hand frei für das Seil.»

Er kann immer noch fabelhaft mit dem Lasso umgehen und schneller ziehen und schießen, als man schauen kann. «Glauben Sie nie, was Sie im Film sehen», warnte er mich.

«Keinem echten Cowboy wäre es je eingefallen, sein Pferd zu mißhandeln. Sein Leben hing davon ab. Da entsetzen sich die Leute: ‹Sieh doch nur die Sporen, wie grausam!› Doch sie waren überhaupt nicht grausam. Die Sporenrädchen drehten sich, und wenn man sein Pferd ganz schnell wenden wollte, legte man nur kurz die Sporen an. Das tat überhaupt nicht weh.»

Die Sporen hatten, wie Don Carlos mir erklärte, auch noch einen anderen Zweck. Wenn ein Cowboy Nachtwache hatte und im Dunkeln auf die Weide ging, um sein Pferd einzufangen, klingelten seine Sporen beim Gehen, und da jeder Mensch einen besonderen Gang hat, erkannte das Pferd den Schritt seines Reiters und kam zu ihm her.

Don Carlos erwärmte sich für sein Thema und fragte mich:

«Wissen Sie, wie man ein Pferd an einem Loch im Boden anbindet? Ich werde es Ihnen erklären. Sie nehmen einen langen Strick, binden das Pferd an einem Ende fest und machen in das andere Ende einen dicken Knoten. Dann graben Sie mit dem Messer ein Loch in den Boden, stecken den Knoten hinein und stampfen die Erde darüber wieder fest. Das Pferd bekommt den Knoten nur heraus, wenn es direkt darüber steht und anzieht, doch das macht ein Pferd nicht.»

Auch als Stuntman in Western-Filmen hat Don Carlos schon gearbeitet:

«Die meisten dieser Schauspieler hatten Hände wie Kohlenschaufeln, aber John Wayne war wirklich ein guter Reiter. Hätte er vielleicht hundert Jahre früher gelebt, hätte er sicher Planwagenzüge durch die Prärie geleitet. Und mit Erfolg. Er war hart, aber gut. John Wayne ritt immer große Vollblüter. Er war nämlich ein großer Mann, um die 1,90, da hätte er auf einem kleinen Pferd ziemlich komisch ausgesehen. Die beste Grabrede, die man ihm hätte halten können, ist die letzte Szene aus dem Film *True Grit*. Das Mädchen sagt so etwas wie: ‹Sie sind zu alt und zu dick für ein Pferd mit so viel Blut›, und John Wayne erwidert: ‹Ich werde Ihnen zeigen, was ein dicker, alter Mann noch kann.› Und er steigt auf das Pferd und springt über eine Steinmauer, und im Sprung zieht er den Hut zum Gruß vor dem Mädchen. Das war fabelhaft geritten. Und in dieser Szene ist alles enthalten, wofür er stand.»

Seiner farbigen Vergangenheit, seinen Erfahrungen aus der Welt des Showbusineß mag ein Hauch von Sample, sogar vom «berühmten Leon» anhaften; in seinem Pferdeverstand und dem Respekt, der Liebe und dem Vertrauen, die er seinen Tieren so eindeutig

mitzuteilen versteht, liegt mehr als nur ein Hauch von Rarey.
«Für mich sind meine Pferde die Größten, und das wissen sie auch.»
Weder Don Carlos noch Joy Phipps halten etwas vom Longieren.
«Viel zu anstrengend für die Beine und den Rücken», erklärten sie mir. Stattdessen nimmt Don Carlos alle seine Pferde an den langen Zügel. Die meisten Leute lassen die Pferde bei der Arbeit am langen Zügel um sich herumgehen, aber Don Carlos geht unmittelbar hinter dem Pferd her.
«Je weiter man vom Pferd weg ist, desto länger müssen die Zügel sein», erklärte er. «Und das macht den Kontakt schwerfälliger.» Unmittelbar hinter dem Pferd zu gehen, bedeutet, daß zusätzlich zu dem ständigen Fluß ruhiger Worte, liebevoll und ermutigend, die leisesten Zügelhilfen genügen, um dem Pferd eine Wendung, einen Wechsel der Gangart oder ein Anhalten anzukündigen.
Und er wird nie geschlagen?
«Nein. Wenn ich mir wirklich nicht ganz sicher bin, stehe ich ganz zu Anfang leicht seitlich hinter dem Pferd», sagte er.
«Aber es ist wichtig, ganz dicht beim Pferd zu stehen.»
Don Carlos setzte seinen Cowboyhut wieder auf, und zusammen mit Joy Phipps gingen wir hinaus zu den Ställen und den Koppeln, wo wir stehen blieben und einem anderen Araber zusahen, der mit Wonne herumbuckelte. Seine Bewegungen waren so exakt und elegant, als ob ein Ballettmeister die Choreographie dazu erdacht hätte. Don Carlos lächelte:
«Viele Leute mögen keine Araber, weil sie sie nicht verstehen. Der Araber ist das beste Reitpferd der Welt, aber er ist auch stolz – deswegen liebe ich Araber. Ich

mag Pferde mit Temperament und sogar ein bißchen Arroganz. Wer hierherkommt und sich umsieht, müßte eigentlich allein von den Pferden her sagen können, was für ein Mensch ich bin. Die Pferde, die wir hier haben, sind sehr selbstsicher, aber sie sind unter Kontrolle.»

Zurück in seinem winzigen Caravan, kamen wir wieder auf das Thema Telepathie. Don Carlos erklärte: «Wer es bei Pferden zu etwas bringen will, muß telepathische Fähigkeiten haben. Pferde haben einen hochentwickelten sechsten Sinn, und wenn man ein Pferd wirklich sehr gut kennt, reagiert es schon, bevor man irgendwelche Hilfen geben kann. Man denkt nur daran, und schon führt das Pferd es aus. Es weiß, was man denkt, das ist alles.

Wenn man zum Beispiel ein junges Pferd auf der Straße reitet und es kommt etwas, vor dem das Pferd erschrecken könnte, müßte es genügen, ihm die Hand auf den Hals zu legen und zu denken: ‹Nur die Ruhe, ganz brav, sei nicht albern›, und wenn dieses geistige Band zwischen Mensch und Tier besteht, bleibt das Pferd ruhig und geht ohne jede Schwierigkeit an allem vorbei, was auch kommen mag.

Es funktioniert auch umgekehrt. Manchmal reitet man ein Pferd, und es ist überhaupt nichts los, und plötzlich stellt man fest, daß man innerlich dabei ist, es zu beruhigen. Das Pferd hat überhaupt nichts gemacht, aber man weiß, daß irgend etwas im Busch war – daß es scheuen wollte oder so etwas Ähnliches, auch wenn es dafür keinen sichtbaren Beweis gab, ein Zittern etwa oder ein Zusammenziehen. Das ist doch ‹horsemanship›, Pferdeverstand, oder? Zwei Gehirne, die wie eines arbeiten.»

Nicht jeder ist bereit sich zu öffnen, um das volle Ausmaß der inneren Kräfte des Pferdes zu erforschen. – Die einen, wie Moyra Williams ironisch bemerkt, weil sie als Wissenschaftler der Meinung sind, daß etwas, was sich nicht unter wissenschaftlichen Bedingungen beweisen läßt, auch nicht wahr sein kann, die anderen, weil sie voll und ganz zufrieden sind mit der Art und Weise, in der sie bisher mit ihren Pferden umgingen. Für viele ist es nämlich viel leichter, herumzutrampeln und Dinge wie Telepathie oder außersinnliche Wahrnehmung bei Pferden als «Quatsch» abzuqualifizieren, als sich ruhig hinzusetzen und darüber nachzudenken, ob ihre eigene Erfahrung vielleicht irgendeinen Beweis dafür liefert.

«Wer hat schon was davon, wenn er es weiß?» fragen sie. Die Antwort darauf lautet: wir alle.

Es reicht nicht mehr, weise zu nicken, wenn ein Pferd unheimliche Fähigkeiten der Erkenntnis beweist, und zu sagen: «Sie *wissen* es eben.»

Doch *wie* wissen sie es?

In einer Reitschule in Sussex ereignete sich ein Zwischenfall, der zwar nicht sehr spektakulär war, aber schlagend verdeutlicht, daß wir hier noch immer vor einem Geheimnis stehen. Der Reitlehrer wollte zwei Pferde in einen Transporter verladen. Das erste Pferd, eine Stute, war noch jung, aber gut ausgebildet und hatte sich immer willig verladen lassen. An diesem Morgen aber war sie nicht einmal in die Nähe des Transporters zu bringen. Der Reitlehrer versuchte kurz, sie zur Vernunft zu bringen, beschloß aber dann, das andere Pferd zuerst einzuladen. Dieses war schon älter, ein «absolut sicheres Schulpferd», das gewohnt war, genau das zu tun, was verlangt wurde. Als man das zweite Pferd in den Transporter führte, brach die hölzerne Rampe durch.

Aber wie konnte das erste Pferd die Gefahr erkennen? Vermutlich nicht mit Hilfe der fünf Sinne. Die Stute konnte den Fehler in der Rampe weder durch das Gehör noch durch den Tast- oder den Geruchssinn wahrnehmen, und wenn sie ihn hätte sehen können, hätte der Reitlehrer ihn vermutlich auch gesehen – falls es etwas zu sehen gegeben hätte.

Und das zweite Pferd? Warum weigerte es sich nicht, über die Rampe zu gehen, oder war es sich keiner Gefahr bewußt? Mit Sicherheit kann das niemand beantworten, aber es scheint von Bedeutung, daß das zweite Pferd älter war und gelernt hatte, darauf zu vertrauen, daß der Mensch immer alles am besten weiß.

Besser als ich es könnte, hat Frederick Taylor das Thema in seinen *Recollections of a Horse Dealer* aus dem Jahre 1861 behandelt. Er schrieb, daß das Pferd «... sich nicht nur der Hand des Reiters fügt, sondern geradezu die Wünsche des Reiters zu erfragen scheint und all seine Bewegungen nach dem Willen seines Herrn und Meisters ausrichtet. Es ordnet kurz gesagt sein ganzes Leben dem Vergnügen des Menschen unter und stirbt oft lieber, als ungehorsam zu sein.»

In unserem Fall passierte dem Pferd nicht allzu viel, als die Rampe durchbrach. Aber die Bereitwilligkeit des Pferdes, einem Führer blindlings überallhin zu folgen, könnte bedeuten, daß wir dem Pferd bei unserer Ausbildung zum «sicheren Reitpferd» möglicherweise viel von seiner Unabhängigkeit, seinen natürlichen Instinkten nehmen.

Und trotzdem bleibt selbst Schulpferden genug von ihren natürlichen Instinkten erhalten, um sehr viel von ihren Reitern zu wissen. Eifrige Kunden einer Reitschule wären höchst erstaunt, wenn sie wüßten, was das schläfrig dreinschauende Tier, das da im Hof der Reitschule auf sie wartet, alles über ihren Charakter

und ihre geistige Verfassung weiß, während sie sich ans Aufsitzen machen. Und schon nach der allerkürzesten Zeit zusammen weiß das Pferd unendlich viel mehr über seinen Reiter als dieser über sein Pferd.
Das soll nicht heißen, daß das Pferd über bisher nicht erkannte Fähigkeiten des logischen Denkens verfügt. Pferde denken nicht logisch über Dinge nach, sondern sie reagieren, von ihren Sinnen informiert, auf das, was vorgeht. Über die Art und Weise, in der ein Pferd seine fünf Sinne benutzt, um Informationen über seine Umgebung und die Menschen seiner Umgebung zu sammeln, selbst wenn diese sich überhaupt nicht bewußt sind, irgendwelche Informationen vermittelt zu haben, wissen wir schon ziemlich viel. Es ist nur die Frage, wie weit der sechste Sinn bei einem Pferd wirklich entwickelt ist. Hat Joe Royds die Reaktion der Pferde auf geistig behinderte und geistig kranke Kinder richtig gesehen, kann Don Carlos sich wirklich ohne Worte mit seinen Tieren verständigen, und erkennt ein Pferd Gefahren auf eine Art und Weise, die sich jeder logischen Erklärung entzieht, dann haben wir noch sehr viel zu lernen.
Moyra Williams bestätigt, daß ein Pferd uns seine Gefühle sehr ausdrucksvoll vermittels der Körpersprache mitteilen kann. Don Carlos versichert uns, daß kein Pferd jemals etwas ohne Grund tut. Also gibt es für alles, was ein Pferd tut, eine Erklärung, alles hat eine Bedeutung, und wir wären gut beraten, unsere vorgefaßten Meinungen zu vergessen und uns um mehr Verständnis zu bemühen.
Und dann, wenn wir uns wirklich um Verständnis bemühen, können wir vielleicht auch endlich die wahren Fähigkeiten unserer Pferde erkennen und schätzen, und ihre Langmut und Geduld mit uns finden endlich ihren Lohn.

Register

Adventures Unbridled 98
Anderson, Joseph 30, 31, 36
The Art of Taming Horses 28
Über alle Aspekte des Umgangs mit Pferden, ihre Erziehung und Bändigung 5

Black Robert 74
Boston Courier 59
Brauerei Young 84
A Breed of Horses 98
Brown, Sara Lowe 31, 50, 57

Cortés, Hernando 7
Cruiser 33, 34, 38, 49, 50, 58, 60
Cuchulainn 12

Dickens, Charles 37, 52
Dixon, Henry Hall 28, 51, 54, 72
Dorchester, Lord 33, 34, 36

El Morzillo 8
Equi 99
Erinnerungen eines Pferdehändlers 48
Evans, Georg Edward 19, 20
Eyre, General Sir William 29

Freeman, George 74–83, 97, 112
Frithville Caesar 86

Galvaynesche Furche 66
Gay Record 90, 91
Gladstone, William 52
Goodenough 29, 30, 52, 61

Halleck, Major General 59
Haydon, Cynthia 74, 83
Haydon, Frank 74, 83
Hayes, Alice 65, 67, 69
Hayes, Captain Horace 63–70
Herrick, Robert 11
Horse and Hound 75
The Horse Cruiser 32
The Horsekeeper's Handbook of Tips and Wrinkles 27
Horse Psychologie 98
Household Words 37, 48

Illustrated London News 38, 47
Illustrated News 44

Journal of the Folklore of Ireland Society 16

King of Oude 41
Königin Elisabeth, Königinmutter 90

Königin Victoria 31–33
Die Kunst, Pferde zu zähmen 28

Lady 110, 111
Langen, Matilda 45
Lawrence, John 26, 27
Leon, «der berühmte mexikanische Roßbändiger» 64, 66, 68–70

Macree, Norman 45
Magner, Dennis 61
Mardon Little Swell 83
Mauroco 12
McCarthy, Hamilton 45
McPherson, J. M. 20
The Modern Art of Taming Wild Horses 51
Die moderne Kunst, wilde Pferde zu zähmen 51
Morning Post 35

Napoleon III. 36
Nickel Coin 89

Ó Danachair, Dr. Caoimhín 16
O'Donoghue, Jack 88–96, 97
Ohio State Journal 58
Ó hÓgáin, Dr. Dáithí 16
Osborne, Sydney 63
Osten, Herr von 99, 100

Pairmy, Peter 23
Peten Itza 8
Das Pferd Cruiser 32, 50, 57
Pferdehalters Handbuch der Tips und Kniffe 27
Philosophical and Practical Treatise on Horse 26
Philosophische und praktische Abhandlung über Pferde 26
Phipps, Joy 109, 111, 117
Primitive Beliefs in the North East of Scotland 20, 21
Primitive Glaubensformen im Nordosten Schottlands 20, 21
Punch 44, 56

Quarterly Review 54
Queen Elizabeth, Königsmutter 90
Queen Victoria 31–33

Ranson, Harry 83–88, 97
Rareyfication 44
Rarey, John Solomon 28, 29–61
Rarey on Horse Taming 72
Rarey über das Pferdezähmen 72
Recollections of a Horse Dealer 48, 120
Regeln für schlechte Reiter 6, 24
Review 47
Ricardo, Don Carlos 109
Rice, George 30, 31
Ridley, Sir Matthew White 30

Royds, Joe 103–108
Rules for Bad Horsemen 6, 24

Sample, «Professor» 62–70, 116
Seymour, Colonel Thomas 57
Sporting Life 67–69
Sporting Magazine 30, 41, 51, 53
Stafford 36
Sullivan, Dan, der «Flüsterer» 13

Taylor, Fred 47–49, 120
Telfer, James 47
Telfer's System of Horse-Training 47
Thackeray, William 52
Thompson, Charles 6, 24, 25
The Times 51
Trapeze II 89, 90

Wayne, John 116
Williams, Dr. Moyra 98–103, 108, 119, 121

Inhaltsverzeichnis

Vorwort (Dorian Williams) 5

Kapitel 1 Flüsterer, Krötenmänner und Geheimbündler 7

Kapitel 2 Bösartige Bestien 24

Kapitel 3 John Solomon Rarey: Der «stille Geist» 29

Kapitel 4 «Professor» Sample und seine Pferdezähm-Maschine 62

Kapitel 5 Pferdeexperten heute 71

Kapitel 6 Blick in die Zukunft 97

Register 123